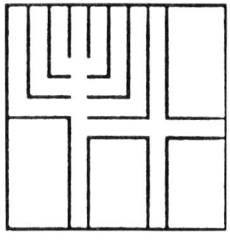

Das Judentum
Abhandlungen und Entwürfe
für Studium und Unterricht

3

Annette Bygott

Wege Israels

Ein Modell
für den Religionsunterricht
in den Klassen 9–11

Selbstverlag Institut Kirche und Judentum · Berlin 1981

Das Judentum. Abhandlungen und Entwürfe für Studium und Unterricht
herausgegeben von Peter von der Osten-Sacken
Band 3: *Wege Israels*

ISBN: 3-923095-73-2

Weitere Titel der Reihe sind:

1: Pierre Lenhardt/Peter von der Osten-Sacken, *Rabbi Akiba. Einübung ins rabbinische Judentum als sachgemäßer Zugang zum Neuen Testament,* ca 200 S. (in Vorb.)

2: Alfred Wittstock, *Toraliebe im jüdischen Volk. Theologische Grundlegung und Ausarbeitung einer Unterrichtsreihe für Sekundarstufe II,* 1981

4: Irene Spier-Schwartz/Erich Spier, *Der Sabbat,* ca 100 S. (in Vorb.)

Über weitere Publikationen des Instituts informiert ein Prospekt, der auf Wunsch gerne übersandt wird.

Bestellungen werden erbeten über den Buchhandel oder direkt an:
Selbstverlag Institut Kirche und Judentum,
Leuchtenburgstr. 39–41, 1000 Berlin 37, Tel. (030) 8 15 10 55

© Annette Bygott, 1981
Alle Rechte vorbehalten.

Die Vervielfältigung und Übertragung auch einzelner Textabschnitte, Bilder oder Zeichnungen ist – mit Ausnahme der Vervielfältigung zum persönlichen und eigenen Gebrauch gemäß §§ 53, 54 URG – ohne schriftliche Zustimmung nicht zulässig. Das gilt sowohl für die Vervielfältigung durch Fotokopie oder irgendein anderes Verfahren als auch für die Übertragung auf Filme, Bänder, Platten, Arbeitstransparente oder andere Medien.

Satz und Druck: Felgentreff & Goebel GmbH & Co. KG, 1000 Berlin 61

Inhaltsverzeichnis *Seite*

Sch'ma Jissrael 4

Tora und Talmud 6
Die Tora: Geschenk Gottes · Gottes Wille in unserer Welt · Der besondere Weg: Speisevorschriften · Der Talmud: Weiterentfaltung der Tora · Halacha und Haggada · Ethik der Nächstenliebe

Der Sabbat 18
„Gedenke" und „Achte" · Freisein von Arbeit · Sabbatfreude · Lebensgefahr verdrängt die Sabbatgebote · Eine Gewissensentscheidung

Die Synagoge 27
Entstehungsgeschichte · Der Rabbiner · Der Gottesdienst · Die Torarolle · Sitzordnung und Stellung der Frau · Reformen des Liberalen Judentums

Chanukka – Das Wunder des Überlebens 36
Religion – Volk – Schicksalsgemeinschaft · Der Makkabäeraufstand · Das Lichtwunder · Die Frage des Überlebens heute

Zionismus und Religion 40
Zur Geschichte des Landes · Das Land im Alten Testament · Das Land in der jüdischen Tradition · Was ist Zionismus? · Rückkehrversuche

Die Situation der Juden im 19. Jahrhundert 47
Die Lage in Osteuropa: Leben im ‚Siedlungsbereich' · Die jiddische Sprache · Zwangsrekrutierung von Kindern · Pogrome und Massenauswanderung · Die Lage in Westeuropa: Emanzipation und Assimilation · Antizionistische Stimmen

Schritte auf dem Weg zur Staatsgründung 54
Bemühungen um einen Schutzvertrag · Wachsende Ansiedlung in Palästina · Zionismus und arabischer Nationalismus · Die binationale Idee · Palästina unter britischem Mandat · Staatsgründung in religiöser Sicht

Der Konflikt mit den Arabern 62
Teilung Palästinas als Kompromiß · Das Schicksal der palästinensischen Araber · Veränderungen seit 1967 · Friedensaussichten? · Israelarbeit der ASF

Israel und die Diaspora 73

Anhang 77
Hinweise zu Personen · Glossar · Adressen · Quellenverzeichnis

שמע ישראל יי אלהינו יי אחד.

Sch'ma Jissrael ...

Höre, Israel, der Ewige, unser Gott, der Ewige ist einzig!

Du sollst den Ewigen, deinen Gott, lieben mit deinem ganzen Herzen und deiner ganzen Seele und deinem ganzen Vermögen.

Es seien diese Worte, die ich dir heute befehle, in deinem Herzen.

Schärfe sie deinen Kindern ein und sprich von ihnen, wenn du in deinem Hause sitzest und wenn du auf dem Wege gehst, wenn du dich niederlegst und wenn du aufstehst.

Binde sie zum Zeichen auf deinen Arm, und sie seien zum Denkband auf deinem Haupte.

Schreibe sie auf die Pfosten deines Hauses und deiner Tore!

5. Mose 6,4–9

Mit den Worten „Sch'ma Jissrael" (= *Höre Israel)* beginnt das zentrale Bekenntnis der Juden zu Gott. Fromme Juden beten es morgens und abends. Unzählige Menschen haben es im Augenblick des Todes gesprochen. Das erste Wort *(Sch'ma)* hat dem Gebet als ganzem den Namen gegeben. Es umfaßt drei biblische Abschnitte: 5. Mose 6, 4–9; 11, 13–21; 4. Mose 15, 37–41.

● *Welcher Zusammenhang besteht zwischen dem Text und den Bildern? (Erklärungen zu dir fremden Begriffen findest du im Anhang.)*

Linke Seite oben: Junger Israeli mit Tefillin
Linke Seite unten: Szenenfoto aus dem Film „Hester Street". (Foto: prokino)
Oben links: Eine Mesusa. Die Kapsel enthält eine kleine Pergamentschriftrolle mit den beiden Textabschnitten 5. Mose 6, 4–9 und 11, 13–21.
Oben rechts: Der britische Oberrabbiner befestigt eine Mesusa im Türrahmen einer Londoner Synagoge.
Rechts: Früher Lernstoff: das Hebräische.

Tora und Talmud

Die Tora: Geschenk Gottes

Nach dem Zeugnis der Bibel hat Gott am Sinai mit dem Volk Israel einen Bund geschlossen und ihm die *Tora* offenbart. Gott hat sie geschenkt, und Israel hat sie angenommen. Sie ist die Urkunde des Bundes, das Herz des Judentums.

Der Begriff „Tora" (auch *Thora* geschrieben) ist vielschichtig. Im engeren Sinne bezieht er sich auf den Inhalt der 5 Bücher Mose oder auch konkret auf diese selbst; im weiteren Sinn bezieht er sich auf die gesamte biblische Offenbarung und die nachbiblische Tradition.

Im jüdischen Festkalender gibt es einen Tag, an dem es üblich ist, in der Synagoge ungehindert laut und vergnügt zu sein. Es ist das Tora-Freudenfest. An diesem Festtag werden alle Tora-Rollen, die eine Gemeinde besitzt, im Tanzschritt und mit Gesang und Freude durch die Synagoge getragen. Es ist wichtig, daß man versteht, was für Juden mitschwingt, wenn sie Tora

sagen. Die traditionelle Übersetzung „Gesetz" ist nicht hilfreich, weil sie nicht die Fülle der Bedeutung wiedergibt. Die Tora enthält zwar gesetzliche Texte, ist aber selber mehr als Gesetz.

● *Was fällt dir zu dem Stichwort „Gesetz" ein?*

Oben: Rabbiner mit Torarolle (Kinderzeichnung, S. Wiseman)
Links: Handgeschrieben; mit einer (Truthahn-) Feder; in hebräischen Buchstaben; in 248 Spalten; auf Pergament, das hernach zu einer Rolle zusammengenäht wird – das ist eine Torarolle.
Der besonders ausgebildete Schreiber (Sofer) braucht für seine Arbeit etwa ein Jahr. Macht er beim Abschreiben eines der Gottesnamen einen Fehler, so darf das fehlerhafte Pergament nicht weiter benutzt werden. Die Vollendung des letzten Wortes der Tora begleitet eine Zeremonie.

● *Die folgenden Texte nähern sich auf unterschiedliche Weise der Bedeutungsfülle von Tora. Welche Aussagen sprengen das übliche Verständnis von „Gesetz"?*

„Warum beginnt die Tora nicht mit den zehn Geboten? fragt der Midrasch. Das ist wie mit einem König, ist die Antwort, der zu einem Volke kommt und sagt: ‚Ich will über euch König sein.' Das Volk aber fragt: ‚Wieso willst du über uns König sein? Was hast du denn für uns getan? Zuerst beweise, daß du dich für uns einsetzt, dann wollen wir dich als König anerkennen.' Darum steht in der Bibel zuerst der Bericht von Gottes großen Taten für die Schöpfung und für sein Volk, zuerst der Auszug aus Ägypten und dann der Bundesschluß am Sinai, wo Israel die Tora annimmt und damit Gott als König anerkennt."

Gisela Hommel

„Was dem Juden die Tora lieb und teuer gemacht hat, ist die tiefe Überzeugung, daß der Mensch diese Tora erfüllen kann, und das trotz seiner Schwäche und Bedeutungslosigkeit gegenüber dem allmächtigen Gott. Es spricht hieraus keine Überheblichkeit oder gar Stolz, sondern das Gefühl der Verantwortung gegenüber einer leidenden Welt. Wir erfahren nicht die Genugtuung über das getane Werk, sondern vernehmen den Ruf einer unerlösten Welt, den Ruf Gottes an uns, mitzuschaffen an Seiner Welt, die Er ‚täglich erneuert', wie es im Gebetbuch heißt. Martin Buber sagte einmal, daß Gott ‚nicht geglaubt, nicht erörtert, nicht verfochten, sondern verwirklicht werden will'. Und daher übersetzt Buber Tora mit ‚Weisung'; sie ist die Weisung an den Menschen, die Unterweisung des Menschen im Verwirklichen des Reiches Gottes auf Erden."

Nathan Peter Levinson

● *Im zweiten Zitat ist zuletzt von der Verwirklichung des Reiches Gottes die Rede. Was gehört für dich zum „Reich Gottes" dazu? Wie wird der Mensch in seinem Verhältnis zu Gott hier gesehen? Siehst du Unterschiede zur christlichen Auffassung vom Menschen?*

Links: Torarolle mit schmückendem Mantel und Schild

Rechts: Während des Sabbatgottesdienstes wird der Wochenabschnitt vorgelesen (Cleveland/USA).

Gottes Wille in unserer Welt

Wenn Juden nach dem Willen Gottes fragen, der ihnen aufgetragen ist, um der Schöpfung weiterzuhelfen, dann ist dieses Fragen durch zweierlei gekennzeichnet:

1. Eine Entgegensetzung von heiligen und weltlichen Sphären ist dem jüdischen Denken fremd.
2. Das Tun des Willens Gottes geschieht im Detail.

*

Ruben Lemberger ist irrtümlich in die Versammlung einer christlichen Sekte hineingeraten. Schweigend hört er der Predigt zu.

Der Prediger ruft aus: ,,Alle, die in den Himmel kommen wollen, sollen sich erheben!"

Es stehen alle auf außer Lemberger.

,,Und Sie", fragt der Prediger, ,,wollen Sie nicht in den Himmel?"

Darauf Lemberger, befremdet: ,,Jetzt gleich? Nein!"

*

,,Einst rügte Raw Huna seinen Sohn Rabbah: ‚Warum befindest du dich eigentlich nicht bei den Lehrvorträgen des Raw Chisda? Es wird doch von ihm gesagt, daß seine Lehre sehr scharfsinnig sei.'

Da antwortete der Sohn: ‚Warum soll ich zu ihm gehen? Wenn ich dort bin, spricht Raw Chisda immer nur von weltlichen Dingen. Er redet von den Funktionen der Verdauungsorgane und von anderen rein physischen Angelegenheiten.'

Der Vater aber sprach zu ihm: ‚Raw Chisda redet von den Geschöpfen Gottes, und du nennst das weltlich! Geh zu ihm hin!'"

aus dem Talmud

,,Vor allem ist die Thora leidenschaftlich an Details interessiert. Sogar wenn sie sich mit Gegenständen der Frömmigkeit beschäftigt wie dem Bundeszelt, tut sie es nicht mit Lehren, Allegorien oder anderen frommen Ausführungen. Statt dessen begeistert sie sich für Maße, Material und Kosten. Diese werden mit aller Genauigkeit aufgeführt, die ein vor-technisches Volk aufzubringen in der Lage ist.

Gott steckt seine Nase in alle Ecken und Ritzen des Lebens. Es gibt Gesetze über Vogelnester, Verkaufswaagen, Infektionskrankheiten und Umweltschutz. Die Thora scheint nicht geistig zu sein, denn sie ist ungeheuer in der materiellen Welt engagiert. Nur gelegentlich werden wir daran erinnert, daß die Quelle dieser Leidenschaft für das Materielle nicht materiell ist."

Lionel Blue

● *Das 24. Kapitel im 5. Buch Mose ist eine Fundgrube für Gesetze, die sich mit dem bürgerlichen Leben beschäftigen. Welche dieser Gesetze erscheinen dir als besonders hilfreich für das Zusammenleben der Menschen? Warum?*

Der Tradition zufolge enthalten die 5 Bücher Mose 613 Einzelvorschriften. Diese Zahl ist nicht das Ergebnis einer exakten Zählung. Ihre Aufschlüsselung in 365 Verbote (= Anzahl der Tage im Sonnenjahr) und 248 Gebote (= Anzahl der Gliedmaßen im menschlichen Körper) enthüllt ihre Symbolik: der *ganze* Mensch ist zur Weiterarbeit an der Schöpfung gerufen; und zwar zu *jeder* Zeit.

Die Symbolik dieser Zahl ist bis heute sinnvoll, auch wenn mit dem staatlichen Zusammenbruch Israels nach der Tempelzerstörung im Jahre 70 die überwiegende Mehrheit der Einzelvorschriften (Agrar-, Tempel-, Zivil-, Strafgesetze) ihre Aktualität verloren hat und im *Talmud* bestimmt wurde, daß für die im Exil lebenden Juden das jeweilige Landesgesetz Gültigkeit habe.

Zu den 613 Vorschriften gehören auch solche, die dir längst vertraut sind: die 10 Gebote, die wir Christen geerbt haben, und das Gebot der Nächstenliebe, das Jesus im Gespräch mit einem Pharisäer aus der Tora zitierte (vgl. 3. Mose 19, 18 und 33–36 mit Matthäus 22, 35–40).

Über zwei bedeutende pharisäische Lehrmeister des ersten vorchristlichen Jahrhunderts, Hillel und Schammai, wird die folgende Geschichte erzählt:
Es kam einmal ein Heide zu Schammai und sagte zu ihm: ,,Bekehre mich zum Judentum unter der Bedingung, daß du mich die ganze Thora lehrst, während ich auf einem Fuß stehe."

Mit einem Zollstock in der Hand warf Schammai ihn sofort heraus.

Der Heide ging dann zu Hillel und wiederholte seinen Wunsch: ,,Bekehre mich zum Judentum unter der Bedingung, daß du mich die ganze Thora lehrst, während ich auf einem Fuß stehe."

Hillel nahm ihn ins Judentum auf und belehrte ihn wie folgt: ,,Was dir verhaßt ist, tue auch deinem Nächsten nicht an. Das ist die ganze Thora. Alles weitere ist Kommentar dazu. Geh hin und lern ihn!"
aus dem Talmud

Linke Seite (oben): Teilansicht der großen Menora von Benno Elkan vor der Knesset (dem Parlamentsgebäude) in Jerusalem. Sie ist ein Geschenk des englischen Parlaments an den Staat Israel.
Links: Motiv an der Menora von Benno Elkan (2. Arm von rechts): Hillel lehrt den Heiden, der auf einem Bein steht.

Der besondere Weg: Speisevorschriften

Es fällt auf, daß in der Tora universal Gültiges und Zeitgebundenes, eindrucksvolle ethische Normen und kultische Sondervorschriften ohne Ordnung und Wertung nebeneinanderstehen. Es ist ein Wesensmerkmal des Judentums, daß es sich einerseits im Bewußtsein seiner universalen Aufgabe den Völkern zuwendet und daß es sich andererseits zur Bewahrung der eigenen Identität durch eine besondere Lebensweise von ihnen abgrenzt. Das Liebesgebot, das den Nichtjuden einschließt, betont den universalen Aspekt; die Speisevorschriften, die von anderen absondern, betonen den Partikularismus. Du findest die wichtigsten Bestimmungen 3. Mose 17, 11–14 und 5. Mose 14, 3–21.

Straßenszene im jüdischen Viertel in New York, Lower East Side, Anfang des 20. Jahrhunderts

● Die vorschriftsmäßige Weise des Schlachtens („Schächten") ist ein Verfahren, bei dem dem Fleisch – ebenso wie beim Salzen und Wässern – das Blut entzogen werden soll. Warum ist Blutgenuß verboten?

● Warum gibt es in strenggläubigen Haushalten getrenntes Geschirr für Fleisch- und Milchgerichte?

● Welche Konsequenzen haben diese Vorschriften für die Tischgemeinschaft mit Nichtjuden?

Fleischerladen mit der Aufschrift „koscher" (Berlin 1931)

● Welche der anschließend genannten Tiere gelten als „unrein" (d. h. nicht koscher, nicht geeignet) und dürfen nicht gegessen werden?

Hase	Huhn	Fisch
Reh	Ente	Hummer
Schaf	Gans	Aal
Schwein	Strauß	Muscheln
Kuh		Krebse
Ziege		

Die Speisevorschriften, die durch spätere Ergänzungen der Rabbinen sehr kompliziert geworden sind, haben heute bei den verschiedenen jüdischen Glaubensrichtungen einen unterschiedlichen Stellenwert. Während das *orthodoxe Judentum* auf strenge Befolgung achtet, weil die Tora in ihrer Ganzheit nicht hinterfragbare göttliche Weisung ist, stellt das *liberale* oder *Reformjudentum* den Grad der Befolgung dem Gewissen des einzelnen anheim. Hinter dieser Lockerung verbirgt sich eine bestimmte Wertung, die neuzeitliches Denken verrät: Ritus und Kult werden gegenüber der ethischen und sozialen Aufgabe als zweitrangig empfunden.

● *Vergleiche die folgenden vier Stellungnahmen miteinander:*

,,Vor allem aber wird Gott dem Juden immer vor Augen gehalten, wenn er abwägt, ob er sich die Annehmlichkeiten des Essens, ja sogar die lebensnotwendigen Aufbaustoffe der Nahrung gönnen oder versagen soll. Diese Bemühung ist ... ein tagtägliches, unaufhörliches Antworten auf Gottes Anspruch, es steigert die Seelenkräfte des Juden und bestärkt ihn in seiner freudigen Überzeugung, daß er Gottes Willen mit Leib und Seele befolgt."

Leo Trepp

,,Die weitläufigen Passagen, die sich mit dem Kultus und rituellen Leben beschäftigen, sind einer Bleieinfassung vergleichbar, die die edelsten Diamanten der Menschlichkeit und sozialen Gerechtigkeit umschließt. Allein dieser Bleieinfassung ist es zu verdanken, daß uns die kostbaren Steine erhalten blieben."

Abraham Cronbach

,,Wir machen Knoten in unsere Taschentücher, um uns an etwas zu erinnern. Die Pharisäer und die Rabbinen machten überall Knoten ... Die Knoten gibt es noch, und die Juden knüpfen sie noch, aber nur wenige wissen, woran sie erinnern sollen."

Lionel Blue

Da man während des Passafestes nichts Gesäuertes essen darf, gehört das Entfernen gesäuerter Backwaren zur Festvorbereitung. Bei einem lustigen Umzug durch die Wohnung sucht die Familie nach Brot- und Kuchenresten (die für diesen Brauch eigens liegengelassen werden). (Holzschnitt aus dem 18. Jahrhundert)

,,Was ist wesentlich für einen Juden: sich in seinen Lebensgewohnheiten von den anderen zu unterscheiden oder ein Leben zu führen, das sich auf das moralische Verhalten gegen unseren Nächsten stützt? Die Vorstellung, daß die furchtbaren Probleme der sozialen Existenz auf einem übervölkerten Planeten ernstlich gelöst werden können, indem man sich weigert, Hummer zu essen, scheint mir durch nichts wieder gutzumachende Leichtfertigkeit zu sein."

aus einem Brief an Herman Wouk

Der Talmud: Weiterentfaltung der Tora

Im Laufe der Jahrhunderte wurde deutlich, daß in den 5 Büchern Mose nicht alle Situationen des Lebens berücksichtigt waren. Viele Vorschriften der Tora sind so knapp gefaßt, daß sie Erklärungen oder Ergänzungen verlangten. Wenn beispielsweise die Tora am Sabbat alle Arbeit verbietet – was bedeutet „Arbeit"? Oder wenn sie am Versöhnungstag das Fasten gebietet – wer war gemeint, und wer konnte in Ausnahmefällen davon befreit werden? Hier mußte eine kommentierende Lehre im Sinne der Tora Antworten geben. Zunächst mündlich tradiert wurde sie später aufgeschrieben.

Man kann sich das Entstehen einer umfangreichen Ergänzungsliteratur an Hand des Bildes vom Querschnitt eines Baumes deutlich machen: der innerste Ring ist die Tora, und um ihn herum wächst Ring auf Ring von Auslegung und Interpretation, indem jede Generation ihre eigene Lebenserfahrung in die Erfahrungen des Volkes einbringt. Dieser Prozeß dauert bis heute an. Die wichtigsten Ringe sind:

Name	**Charakter**	**Zeit der schriftlichen Abfassung**
1. Die *Mischna*	in 4 Jahrhunderten gesammelter Traditionsstoff zu sechs großen Themenkomplexen: Landwirtschaftliches, Festzeiten, Ehe- und Familienrecht, Zivil- und Strafrecht, Opferwesen, Reinheitsbestimmungen.	200 nach Chr.
2. Die *Gemara*	Protokolle ergänzender Streitgespräche zur *Mischna,* die in den folgenden drei Jahrhunderten an rabbinischen Gelehrtenschulen geführt wurden.	(bis zur Abfassung des Talmud mündlich überliefert)
3. Der *Talmud*	Zusammenfassung und Verflechtung von *Mischna* und *Gemara*	500 nach Chr.
4. Der Kommentar von *Ra*schi (*Ra*bbi *Sch*lomo ben *I*saak)	wichtigster Kommentar zum *Talmud*	11. Jahrhundert

Die dargestellte Weiterentwicklung der Tora in einer zunächst mündlichen, später schriftlichen Form wurde zur Zeit Jesu von den *Pharisäern* getragen, aus deren Bewegung die späteren *Rabbinen* der Gelehrtenschulen hervorgingen. Das folgende Zitat von James Parkes würdigt ihre Leistung als eine, die im Geist der Propheten geschah:

Die *Propheten* verurteilten den Götzendienst.

Die *Pharisäer* entwickelten den Gemeindegottesdienst der Synagoge.

Die *Propheten* verkündeten, daß der Tag kommen werde, an dem die ganze Menschheit Gott kennen werde.

Die *Pharisäer* führten in allen jüdischen Gemeinwesen Schulen ein.

Die *Propheten* verkündeten, daß Gerechtigkeit fließen solle wie Wasserbäche.

Die *Rabbinen* beschäftigten sich mit dem Wesen von Zeugenaussagen und mit Verbesserungsmöglichkeiten für Gerichtsverfahren.

Die *Propheten* riefen alle Menschen zu rechtschaffenem Handeln auf.

Die *Rabbinen* studierten den Wortlaut von Verträgen.

● *Wodurch unterscheidet sich in all diesen Beispielen die Tätigkeit der Pharisäer und Rabbinen von der der Propheten?*

Talmudstudium in Posen (um 1900)

Halacha und Haggada

Der *Talmud* ist kein Buch, sondern ein umfangreiches Sammelwerk. Er hat keinen Verfasser; aber mehr als 2 000 Gelehrte kommen in ihm zu Wort. Er enthält die jüdische Geistesgeschichte eines ganzen Jahrtausends. Ohne Richtschnur findet sich keiner zurecht. Man liest ihn nicht; man studiert darin ein Leben lang. Nach einem Wort Heinrich Heines ist er in seinen gesetzlichen Teilen (*Halacha*) „eine geistige Fechtschule" und in seinen erzählerischen und erbaulichen Teilen (*Haggada*) ein „hochphantastischer Garten". In der Wechselbeziehung zwischen Halacha und Haggada wird das Wesen des Judentums erblickt. „Halacha ohne Haggada ist tot, Haggada ohne Halacha ist zügellos" (Abraham J. Heschel).

In der Tora-Schule von Kfar Chassidim/Israel

1. Zwei Beispiele aus der Halacha:

A. „Auge um Auge"

BIBEL	TALMUD
„Und wer seinem Nächsten einen Schaden zufügt, dem soll man tun, wie er getan hat: Bruch um Bruch, Auge um Auge, Zahn um Zahn; denselben Schaden, den er dem andern zugefügt hat, soll man ihm zufügen" (3. Mose 24, 19 f.). (Das *ius talionis* – d. h. das Recht, daß die Strafe dem Schaden zu entsprechen hat – kam in der Frühzeit aus dem Codex Hammurabi in die Bibel. Es sollte das Rachebedürfnis nach mehr Zähnen pro Zahn eindämmen, bzw. den Griff nach des Täters Leben für ein verlorenes Auge verhindern.)	Die *Mischna* zieht aus dem Vergleich mit inhaltlich verwandten Bibelstellen, in denen jemand bei Körperverletzungen eines anderen zu einer **Geldentschädigung** verpflichtet wird (vgl. 2. Mose 21, 18.19.22.28–30), den Schluß, daß auch die Verse „Auge um Auge" so auszulegen sind. Hinsichtlich der Höhe der Geldentschädigung macht die *Mischna* auf fünf Aspekte aufmerksam, die berücksichtigt werden müssen: den Wertverlust des Geschädigten, seine Schmerzen, die Heilungskosten, den Verdienstausfall und die Beschämung. Die *Gemara* hinterfragt die Entscheidung der Mischna. Sie beginnt mit der Frage, ob der biblische Text vielleicht doch wörtlich gemeint sein könne. Sie tut dies allerdings nur, um diesen Einwand in immer neuen Anläufen zu entkräften und sich über die Idee

BIBEL	TALMUD
	einer legalen Körperverstümmelung lustig zu machen:
	a) Die wörtlich verstandene Ausführung könnte in bestimmten Fällen zu Unrecht führen:
	– wenn der Schuldige nur *ein* Auge besitzt, der Geschädigte aber *zwei*;
	– wenn der Schuldige im Unterschied zum Geschädigten an den Folgen der Verstümmelung stürbe und aus „Auge um Auge" ein „*Auge und Leben* um Auge" würde.
	b) Wenn es in der Bibel heißt: „Ihr sollt für das Leben eines Mörders, der des Todes schuldig ist, kein Lösegeld annehmen" (4. Mose 35, 31), so sei der Schluß erlaubt, daß es sich bei zerstörten **Gliedmaßen** eben gerade anders als bei zerstörtem **Leben** verhalte; daß also eine Geldentschädigung gerade angebracht sei.
B. *Todesstrafe*	
Biblisch ist die Todesstrafe nicht nur für Mord, sondern für etliche andere Vergehen geboten (vgl. 3. Mose 20 und 3. Mose 24, 14–17).	Nach rabbinischem Recht wurde ihre Verhängung durch einschränkende Prozeßführungsbestimmungen so erschwert, daß sie praktisch aufgehoben war.

Die *Mischna* enthält folgende Diskussion für und wider die Todesstrafe: „Ein Synedrium, das einmal in sieben Jahren hinrichtet, wird ein verderbenbringendes genannt. Rabbi Elieser, Asarjas Sohn, sagt: ‚Einmal in siebzig Jahren.' Rabbi Tarphon und Rabbi Akiba sagen: ‚Wenn wir im Synedrium wären, so würde niemals ein Mensch hingerichtet.' Rabban Schimon, Gamliels Sohn, sagt: ‚Sie (die so sprechen) würden auch die Blutvergießer in Israel mehren.'" |
| An einer Stelle ist der Tod durch Steinigung für einen störrischen und trotzigen Sohn geboten (vgl. 5. Mose, 21, 18–21). | Der *Talmud* bietet eine so enge Definition von „störrisch" und „trotzig", daß sich die Anwendung des Gebotes erübrigte. |

● Als die Rabbinen das biblische Recht weiterentfalteten, waren sie von einem bestimmten Anliegen geleitet. Welche Tendenz läßt sich an diesen Beispielen beobachten?

2. Zwei Beispiele aus der Haggada:

A. Vier Verhaltensweisen

Vier Arten gibt es bei Menschen:
Meines ist Meines und Deines ist Deines. – Dies ist mittelmäßige Art, und es gibt solche, die sagen: Sodomsart.
Meines ist Deines und Deines ist Meines. – Wer dies nicht kennt, besitzt keine Wertmaßstäbe.
Meines ist Deines und Deines ist Deines. – Ein Frommer.
Meines ist Meines und Deines ist Meines. – Ein Frevler.

● *Warum wird wohl die erste Art von einigen für ebenso verachtenswert gehalten wie die vierte Art?*

B. Der Flügelmann

Einst verhängte die römische Regierung Religionsverfolgung über Israel. Unter anderem war es strengstens verboten, Tefillin – Gebetsriemen an Kopf und Hand – anzulegen. Das Verbot war sehr schwer. Jedem, der mit Tefillin am Kopf ertappt werden würde, sollte das Gehirn durchbohrt werden.

Nun lebte zu jener Zeit ein frommer Mann namens Elischa. Er wollte nicht das Wort der ruchlosen Regierung beachten und ging auf die Straße mit den Tefillin auf dem Kopfe. Das Gebot Gottes war ihm wichtiger als das Verbot der Römer.

Als ihn aber ein Scherge bemerkte und ihn verhaften wollte, lief er davon. Der Scherge lief ihm nach und holte ihn ein. Da nahm Elischa die Tefillin von seinem Haupte und hielt sie in der Hand. Der Römer stellte ihn zur Rede und fragte ihn: „Was hast du in der Hand?" Elischa antwortete: „Taubenflügel." – „Ich will sie sehen", sagte der Scherge, „öffne die Hand!" Hierauf streckte Elischa die Hand aus, und es waren wirklich Taubenflügel. Daher nannte man Elischa den Flügelmann.

Seit damals pflegt man zu sagen: „So wie die Flügel die Tauben beschützen, so beschützen Israel die Religionsgebote."

● *Würdest du diese Erzählung als Märchen bezeichnen?*
● *Welche Bedeutung hat der letzte Satz?*

An der Klagemauer in Jerusalem

Ethik der Nächstenliebe

Ein zentraler Gedanke des Alten und des Neuen Testamentes ist das Gebot der Nächstenliebe (vgl. 3. Mose 19, 18 und Matthäus 22, 39).

● *Stelle den folgenden Beispielen aus dem rabbinischen Schrifttum, die sich mit der Nächstenliebe beschäftigen, Äußerungen Jesu gegenüber, die inhaltlich dazu passen. Du findest solche in der Bergpredigt: Matthäus 5, 21 f.; 5, 38–48; 7, 12.*

„Was dir verhaßt ist, tue auch deinem Nächsten nicht an. Das ist die ganze Tora. Alles weitere ist Kommentar dazu."
Hillel

*

„Wenn deinen Feind hungert, so speise ihn, dürstet ihn, so gib ihm zu trinken."
Sprüche 25, 21
Die rabbinische Auslegung ergänzt, daß dies auch gelte, wenn der Feind einen am Morgen habe töten wollen.

*

„Wenn du den Esel deines Feindes unter seiner Last erliegen siehst, so sollst du ihn nicht ohne Beistand lassen, sondern ihm aufhelfen."
2. Mose 23, 5
Zu dieser Stelle gibt es eine rabbinische Erzählung, die dieses Gebot als Friedensstifter preist. „Ein Eseltreiber, dem um des Gebotes willen geholfen wurde, sprach bei sich selbst: hatte ich nicht geglaubt, dieser Mann sei mein Feind? Und nun schau an, wie er sich meiner angenommen hat! Also wurden sie Freunde."

*

„Jeder, der das Gesicht seines Gefährten vor den Vielen erbleichen läßt (d. h. jeder, der seinen Nächsten öffentlich beschämt) ist, als ob er Blut vergieße."
aus dem Talmud

„Du sollst dich nicht rächen und nicht nachtragend sein."
3. Mose 19, 18
Was das bedeutet, erläutert die rabbinische Auslegung mit einem Beispiel:
„Einer sagt zum anderen: ‚Leihe mir deine Säge.' Der aber leiht sie ihm nicht. Am nächsten Tag sagt der zweite zum ersten: ‚Leihe mir deine Hacke', und bekommt zur Antwort: ‚Das tue ich nicht; denn du hast mir deine Säge auch nicht geliehen.' " *Das ist rachsüchtiges Verhalten.*

Nachtragendes Verhalten sieht demgegenüber so aus:
„Einer sagt zum andern: ‚Leihe mir deine Hacke.' Der aber leiht sie ihm nicht. Am nächsten Tag sagt der zweite zum ersten: ‚Leihe mir deine Säge', und bekommt zur Antwort: ‚Hier hast du sie. Ich bin nicht wie du, der du mir gestern deine Hacke nicht geliehen hast.' "

● *Die Forderungen Jesu scheinen zum Teil radikaler, die der rabbinischen Tradition bescheidener und stärker an den menschlichen Fähigkeiten orientiert zu sein. Wo zeigt sich dieser Unterschied?*
● „*Von Menschen die Erfüllung des Unmöglichen zu verlangen, bedeutet, Verwirrung und Enttäuschung in ihr Leben zu tragen, und könnte dazu führen, daß sie selbst vor solchen Pflichten zurückweichen, die erfüllt werden können." Wie stehst du zu dieser Frage? Bist du mit der zitierten Stellungnahme einverstanden, oder siehst du es anders?*

Der Sabbat

„Gedenke" und „Achte"

Von allen jüdischen Feiertagen ist der Sabbat der größte. Sein Name leitet sich von dem hebräischen Wort „schabát" her, das „ruhen" heißt. Im Hebräischen hat dieser Tag als einziger Tag der Woche einen Namen; die übrigen Tage kennzeichnen Ordnungszahlen. Sie kommen vom Sabbat her und führen zum Sabbat hin:

$$\text{Schabát } (= \textit{Samstag})$$
$$\text{der 6. Tag } (= \textit{Freitag})$$
$$\text{der 5. Tag } (= \textit{Donnerstag})$$
$$\text{der 4. Tag } (= \textit{Mittwoch})$$
$$\text{der 3. Tag } (= \textit{Dienstag})$$
$$\text{der 2. Tag } (= \textit{Montag})$$
$$\text{der 1. Tag } (= \textit{Sonntag})$$

Seine Bedeutung und Würde beruhen auf seiner Verankerung in den zehn Geboten. Diese werden zweimal in den 5 Büchern Mose überliefert:

2. Mose 20, 8–11	**5. Mose 5, 12–15**
Gedenke des Sabbattages, daß du ihn heilig haltest.	Achte auf den Sabbattag, daß du ihn heilig haltest, wie dir der Herr, dein Gott, geboten hat.
Sechs Tage sollst du arbeiten und all dein Werk tun; aber der siebente Tag ist ein Ruhetag, dem Herrn, deinem Gott, geweiht. Da sollst du keine Arbeit tun, weder du noch dein Sohn, noch deine Tochter, noch dein Sklave, noch deine Sklavin, noch dein Vieh, noch der Fremdling, der in deinen Toren ist.	Sechs Tage sollst du arbeiten und all dein Werk tun; aber der siebente Tag ist ein Ruhetag, dem Herrn, deinem Gott, geweiht. Da sollst du keine Arbeit tun, weder du noch dein Sohn, noch deine Tochter, noch dein Sklave, noch deine Sklavin, noch dein Rind, noch dein Esel, noch all dein Vieh, noch der Fremdling, der in deinen Toren ist, auf daß dein Sklave und deine Sklavin ruhen wie du.
Denn in sechs Tagen hat der Herr Himmel und Erde gemacht und das Meer und alles, was in ihnen ist, und er ruhte am siebenten Tage;	Und sei dessen eingedenk, daß du Sklave gewesen bist im Lande Ägypten und daß der Herr, dein Gott, dich von dannen herausgeführt hat mit starker Hand und ausgerecktem Arm.
darum segnete der Herr den Sabbattag und heiligte ihn.	Darum hat dir der Herr, dein Gott, geboten, den Ruhetag zu halten.

- *Was ergibt ein Vergleich zwischen den beiden Texten?*
- *Der Sabbat wird als bedeutende soziale Errungenschaft bezeichnet. Worin besteht sie?*

Eine Hausfrau segnet die Sabbatkerzen.
Die beiden Kerzen, über denen die Hausfrau zu Beginn des Sabbats den Segen spricht, erinnern an die beiden Versionen der 10 Gebote.

Der Sabbat beginnt am Freitagabend; denn nach jüdischer Vorstellung beginnt jeder Tag am Abend des Vortages (vgl. 1. Mose 1, 5).* Die Gemeinde versammelt sich zum Abendgottesdienst in der Synagoge. Sie singt ein Lied aus dem 16. Jahrhundert, das mit den Worten beginnt: „Auf, mein Freund, der Braut entgegen, Königin Sabbat wollen wir empfangen!" und wendet sich ein wenig später stehend zur Tür, um der königlichen Braut den Empfang zu bereiten.

Man hat versucht, den Bildern *Braut* und *Königin* verschiedene Begriffspaare wie Liebe und Gesetz, Hingabe und Gehorsam, Gefühl und Disziplin zuzuordnen, und hat diese einander ergänzenden Eigenschaften des Sabbat auch aus den unterschiedlichen Aufforderungen „Gedenke..." und „Achte..." herausgehört.

● *Der nachstehende Text enthält von beiden Einstellungen etwas. Findest du es?*

„ICH LIEBTE DEN Freitagabend, weil da die Straßen dunkel und leer waren; sie schienen sich auf den Tag des Friedens und des Gebets vorzubereiten, auf jenen Tag, den die Juden ‚wie eine Braut' empfangen. In diesen Stunden war es verboten, Geld zu berühren, zu arbeiten oder reisen, verboten, im Haushalt zu arbeiten, ja selbst den Lichtschalter an- und abzudrehen; in diesen Stunden verstummte alle erlittene Qual, das jüdische Volk kehrte zurück zum uralten, unveränderlichen Kern seiner selbst. Ich wartete am Freitagabend sehnsüchtig, bis die Straßen dunkel wurden, so wie andere Kinder auf die Lichter des Weihnachtsbaums warten; ich glühte bereits am Freitagmorgen, nachdem die Prüfungen überstanden waren, in ungeduldiger Vorfreude. Wenn ich um drei Uhr nach Hause kam, empfing mich der warme Geruch des Kuchens im Backofen, und der Anblick meiner Mutter, die auf dem Boden des Wohnzimmers kniete und das Linoleum fegte, erfüllte mich mit unsäglicher Zärtlichkeit, drängte mich, sie und alle Dinge in unserem Haushalt in die Arme zu schließen."

Alfred Kazin

---

* Daran erinnert z. B. auch der christliche Weihnachtsabend.

Freisein von Arbeit

Arbeit ist am Sabbat verboten. Aber was ist Arbeit?

Die *Bibel* nennt in diesem Zusammenhang das Backen, Kochen und Reisen (2. Mose 16, 23–30); das Pflügen und Ernten (2. Mose 34, 21); das Feueranzünden (2. Mose 35, 3); das Handeltreiben (Amos 8, 5); das Tragen einer Last an einen anderen Ort (Jeremia 17, 21 f.).

Die *Mischna* enthält einen Katalog von 39 Grundarten von Arbeit, die die Rabbinen den biblischen Angaben über den Bau der Stiftshütte in der Wüste entnahmen.

Beispiele *abgeleiteter* späterer *Zusätze* sind: der Umgang mit Geld, die Benutzung elektrischer Geräte (auch des Lichtschalters), sofern sie sich nicht automatisch ein- und ausschalten; das Rauchen und Autofahren als Variationen des verbotenen Feueranzündens.

An diesen Beispielen wird deutlich, daß „Arbeit" in der rabbinischen Tradition mit dem Verrichten mühevoller und anstrengender Tätigkeit nicht einfach identisch ist. Es geht offenbar um etwas anderes: Am Sabbat erfährt der Schöpfungsauftrag „Machet euch die Erde untertan!" (1. Mose, 1, 28) eine Atempause. Somit gilt als Arbeit jede Handlung, bei der der Mensch seine Umwelt beherrscht, indem er sie verändert.

„Arbeit ist jeder Eingriff des Menschen in die Körperwelt, sei er nun fördernd oder störend. Ruhe ist ein Friedenszustand zwischen Mensch und Natur. Der Mensch muß die Natur unberührt lassen, er darf sie in keiner Weise verändern, indem er etwas aufbaut oder zerstört."

Erich Fromm

Diese Atempause kann einen frommen Juden zu den Quellen seines Lebens zurückführen. Am Ruhetag besinnt er sich darauf, daß all sein Tun in der Welt nicht eigener Herrlichkeit entspringt, sondern daß Gott sein Auftraggeber ist.

Der Grad der Befolgung der Vorschriften ist heute sehr unterschiedlich.

Die strikte Einhaltung ist Kennzeichen der *Orthodoxie*.

Für das *Reformjudentum* gilt grundsätzlich, was bereits im Zusammenhang mit den Speisevorschriften zur Sprache kam: da der Ritus als zweitrangig empfunden wird, entscheidet jeder einzelne nach seinem Gewissen. Die uneingeschränkte Benutzung des Autos ist verbreitet.

Eine dritte religiöse Gruppe, die zwischen den genannten Gruppierungen steht, die *Konservativen*, benutzt das Auto lediglich zum Besuch der Synagoge.

Die *nichtreligiöse Majorität in Israel* verbringt den Sabbat wie der Durchschnittseuropäer seinen Sonntag. Zwar hat der Einfluß der religiösen politischen Parteien auf die Gesetzgebung des an sich säkularen Staates dahin geführt, daß der öffentliche Verkehr und die Vergnügungsindustrie in die Sabbatruhe einbezogen sind; dies gilt jedoch weder für Privatwagen noch Taxis, weder fürs Fernsehen noch für den Rundfunk. Zum Schrecken streng orthodoxer Gruppen in Jerusalem finden auch Fußballspiele statt.

● *Außenseiter starren meist gebannt auf das, was orthodoxe Juden alles nicht tun dürfen. Was sie aber tun dürfen, schildert Herman Wouk auf Seite 23. Finde es heraus.*

Rechts: An der Klagemauer in Jerusalem

Sabbatfreude

Nach rabbinischer Tradition ist der Sabbat ein Vorgeschmack der künftigen Heilszeit. Abraham J. Heschel spricht z. B. von einem Fenster der Ewigkeit, das sich in die Zeit öffnet. Festliche Stimmung herrscht in den Häusern. Leib und Seele haben Anteil.

● *Welcher der folgenden drei Texte vermittelt die festliche Freude deiner Meinung nach am wirksamsten?*

In Arabiens Märchenbuche
Sehen wir verwünschte Prinzen,
Die zuzeiten ihre schöne
Urgestalt zurückgewinnen...

Einen Prinzen solchen Schicksals
Singt mein Lied. Er ist geheißen
Israel. Ihn hat verwandelt
Hexenspruch* in einen Hund.

Hund mit hündischen Gedanken,
Kötert er die ganze Woche
Durch des Lebens Kot und Kehricht,
Gassenbuben zum Gespötte.

Aber jeden Freitag Abend,
in der Dämmerstunde, plötzlich
Weicht der Zauber, und der Hund
Wird aufs neu' ein menschlich Wesen.

Mensch mit menschlichen Gefühlen,
Mit erhobnem Haupt und Herzen,
Festlich, reinlich schier gekleidet,
Tritt er in des Vaters Halle...

Heinrich Heine
(aus „Prinzessin Sabbat")

---

* gemeint ist der Hexenspruch der judenfeindlichen Umwelt

(Es ist Sonnabend mittag. Ein kürzlich in Amerika eingewanderter orthodoxer Rabbiner mit langem Bart und Schläfenlocken, dessen Mantel bis an die Knöchel reicht, hat zum Mittagessen Gäste eingeladen. Da er noch kein Englisch versteht, unterhält man sich auf Jiddisch. Einer der Gäste schildert das für ihn ungewöhnliche Verhalten seines Gastgebers...)

„Das Gespräch verlief angenehm und in aller Höflichkeit, wenn man davon absieht, daß der Rabbiner während des Essens wiederholt mitten in seiner Rede abbrach und vom Stuhl aufsprang. Ohne auf die Anwesenden zu achten, ging er in tänzelndem Schritt im Zimmer auf und ab, klatschte in die Hände und sang irgendeine beschwingte Melodie aus der alten Welt. Nach einigen Minuten derartigen Gebarens setzte er sich wieder hin und nahm die Unterhaltung auf, als habe es keine Unterbrechung gegeben... Man erklärte mir, daß sein Verhalten typisch sei für die Chassidim und daß die Chassidim auf diese Weise ihre Freude über den Sabbat bekunden."

Abraham Cronbach

Heinrich Heine (1797–1856)

Orthodoxer Rabbiner mit Schläfenlocken

„Der Sabbat hat immer dann überaus einschneidend in mein eigenes Leben eingegriffen, wenn Proben meiner Stücke stattfanden... Während dieser Proben wird es allemal Freitagnachmittag, just wenn die Aufführung vollständig zusammenzubrechen droht. Ich fühlte mich manchmal wie ein Verräter, wenn ich den Sabbat in einer solchen kritischen Situation beging...

Hinter mir habe ich das düstere Theater gelassen, die überall herumstehenden Kaffeetassen, den Wust der halbzerfetzten Rollen- und Regiebücher, die überreizten Schauspieler, die schimpfenden Bühnenarbeiter... Meine Frau und meine beiden Söhne, die ich, während ich mich mit allen Kräften gegen den drohenden Zusammenbruch stemmte, fast vergessen hatte, empfangen mich, alle schon festlich gekleidet und froh gestimmt, und das Herz geht mir auf bei ihrem Anblick. Wir setzen uns zu einem festlichen Mahl an den mit Blumen und alten Sabbatsymbolen geschmückten Tisch: die brennenden Kerzen, die geflochtenen Weißbrote, der gefüllte Fisch und meines Großvaters Silberpokal, in dem der Wein funkelt. Ich spreche über meine Söhne den uralten Segen, und wir singen die in heiteren Synkopen gehaltenen Tischlieder zum Sabbat. Die Unterhaltung dreht sich nicht etwa um die einem Ende mit Schrecken entgegenwankende Aufführung. Meine Frau und ich holen die während der Woche versäumte Unterhaltung nach, die Jungen richten ihre Fragen an uns, denn dazu ist am Sabbat die beste Gelegenheit. Auf dem Tische türmen sich Bibel, Lexika und Atlas. Wir sprechen vom Judentum, und aus dem Munde der Kinder kommen die üblichen verzwickten Fragen nach Gott, die meine Frau und ich unbeholfen genug, aber so gut es eben geht, beantworten. Ich komme mir vor, als ob ich eine Wunderkur mache.

Auf ähnliche Weise verbringen wir auch den Samstag... Das Telephon klingelt nicht. Ich habe Zeit zum Nachdenken, zum Lesen, Lernen, Spazierengehen oder zum Nichtstun. Es ist eine Oase der Ruhe. Erst wenn es dunkel wird, kehre ich zurück an den Broadway, und das nervenzerreißende Spiel beginnt von neuem. Gerade dann kommen mir oft meine besten Einfälle...

Mein Regisseur sagte eines Samstagabends zu mir: ‚Ich beneide Sie nicht um Ihre Religion, aber ich beneide sie um Ihren Sabbat.'"

Herman Wouk

● In den Textauszügen von Heine und Wouk geht es wesentlich um den Kontrast zwischen dem Sabbat und der übrigen Woche. Wo stimmen sie in ihren Aussagen überein und wo nicht? Was erfährt man über die jeweilige gesellschaftliche Situation der Juden?

Lebensgefahr verdrängt die Sabbatgebote

Ursprünglich hatte man gemeint, daß es am Sabbat grundsätzlich verboten sei zu kämpfen. Als dann aber die ersten frommen Gruppen an einem Sabbat ohne Widerstand niedergemetzelt worden waren, wurde die Selbstverteidigung erlaubt. Diese Entscheidung der Rabbinen gründete in der Überzeugung, daß dem Menschen die Tora gegeben ist, „daß er damit lebe, und nicht, daß er daran sterbe" (vgl. 3. Mose, 18, 5).

In diesen Zusammenhang gehört auch der folgende Text aus dem Talmud:

„Unsere Meister lehrten: Man sei am Sabbat um Lebensrettung besorgt, und zwar je eifriger, siehe, desto lobenswerter ist es. Und es ist nicht nötig, erst vom Gerichtshof Erlaubnis einzuholen. Wie denn? Hat einer gesehen, daß ein Kind ins Meer gefallen ist, wirft er ein Netz aus, damit er es herausschaffe, und zwar je eifriger, siehe, desto lobenswerter ist es. Und es ist nicht nötig, erst vom Gerichtshof Erlaubnis einzuholen, obwohl er dabei Fische mitfängt. *(Fischfang ist nämlich am Sabbat verboten.)* Hat einer gesehen, daß ein Kind in eine Grube gefallen ist, bricht er einen Teil derselben ein, damit er es heraufschaffe, und zwar je eifriger, siehe, desto lobenswerter ist es. Und es ist nicht nötig, erst vom Gerichtshof Erlaubnis einzuholen, obwohl er dabei eine Treppe errichtet. *(Dies wäre eine Arbeit des Bauens, die am Sabbat verboten ist.)* Hat einer gesehen, daß vor einem Kind eine Türe verschlossen wurde *(das Kind könnte sich ängstigen oder in Gefahr kommen)*, zertrümmert er sie und führt es heraus, und zwar je eifriger, siehe, desto lobenswerter ist es. Und es ist nicht nötig, erst vom Gerichtshof Erlaubnis einzuholen, obwohl er dabei absichtlich Holz zerkleinert. Man löscht und isoliert am Sabbat bei einer Feuersbrunst, und zwar je eifriger, siehe, desto lobenswerter ist es. Und es ist nicht nötig, erst vom Gerichtshof Erlaubnis einzuholen, obwohl er dabei Flammen niederdrückt."

Trotz des auch an den Hohen Feiertagen geltenden Arbeitsverbotes, das u. a. das Reisen untersagt, segelte 1943 eine Gruppe von Juden am Jom Kippur, dem Versöhnungsfest, von Dänemark nach Schweden. Einer aus der Gruppe, Jan Fuchs aus der damals schon besetzten Tschechoslowakei, erinnert sich:

„Die Judenverfolgung im besetzten Dänemark wurde gerade vom deutschen Rundfunk offiziell angekündigt. Für mich und meine Landsleute, die die Nazi-Gewaltmaßnahmen am eigenen Leibe erlebt hatten, bestand kein Zweifel, daß wir in Lebensgefahr waren und daß deshalb das Reiseverbot durch das rabbinische Gebot ‚pikkuach nefesch' (d. h. Beschützung des Lebens) aufgehoben war."

Eine Gewissensentscheidung

Der folgende Zeitungsbericht aus England beschäftigt sich mit einer Demonstration. Sie wurde 1976 durchgeführt, als das Erstarken einer rechtsradikalen Partei, der *National Front* (NF), viele Menschen in Großbritannien zu beunruhigen begann.

200 Juden demonstrieren am Sabbat

von unserem Korrespondenten

Fast 200 Juden aus Manchester schlossen sich am Sabbat vergangener Woche einer Demonstration von 5 000 Rassismusgegnern in Blackburn (Stadt nördl. von Manchester) an, obwohl von seiten der religiösen Führung davor gewarnt worden war.

Der Demonstrationsmarsch – eine der größten antifaschistischen Veranstaltungen in England – wurde von Hunderten von Polizisten begleitet.

Mr Aubrey Lewis, der Vorsitzende der Ortsgruppe der Jüdischen Sozialisten, der sein 100 Mann starkes, Spruchbänder tragendes Kontingent anführte, sagte: „Veranstaltungen wie diese sind äußerst notwendig, um zu zeigen, wie tief die Abneigung gegen den Rassismus sitzt."

Auf einem der Spruchbänder war zu lesen: GESTERN DIE JUDEN, HEUTE DIE SCHWARZEN und MORGEN IHR? Mr Lewis hatte an die Gemeinde appelliert, die Demonstration zu unterstützen, während die religiöse Führung einschließlich des Oberrabbiners die Juden aufgefordert hatte, nicht teilzunehmen und die Sabbatruhe zu wahren. Mr Lewis sagte: „Wenn Menschen in Gefahr sind, muß alles andere zurückstehen."

Jewish Chronicle, 24. 9. 1976

● Der Talmud entschied, daß bei Gefahr für Leib und Leben die Sabbatvorschriften nicht gelten. War dieser Fall hier gegeben? Welche Überlegungen könnten den Oberrabbiner bzw. Mr. Lewis geleitet haben?

Gegendemonstration von NF-Gegnern während einer NF-Veranstaltung in London

Demonstration der Anti-Nazi-Liga gegen die NF in London

Sachinformationen zur „National Front"

Gründungsjahr: 1966
Ideologie: Rechtsradikal und rassistisch. Teilweise unverhohlen antisemitisch. Viele Anhänger sind erklärte Verehrer Adolf Hitlers.
Innenpolitisches Programm: Totaler Einwanderungsstop für alle Schwarzen und Asiaten aus dem Commonwealth. Einführung eines Stufenplans, nach dem alle seit 1948 in Großbritannien eingewanderten Nichteuropäer in ihre Ursprungsländer zurückkehren sollen (Juden – soweit sie Zionisten sind – nach Israel).
Politischer Stil: „Ordentliche" Demonstrationsmärsche hinter dem „Union Jack". Bemühung um gleiche Fernsehsendezeit im Wahlkampf. Herausgabe und Vertrieb von Hetzschriften.
Anhängerpraxis: Immer häufiger kommt es zu gewalttätigen Angriffen gegen schwarze und asiatische Einwanderer. Gelegentlich mit tödlichem Ausgang.
Stärke der NF: Als der dargestellte Demonstrationsmarsch in Blackburn stattfand, war die NF landesweit auf dem Vormarsch. Bei den Kommunalwahlen im Mai 1977 gewann zwar keiner der 400 aufgestellten NF-Kandidaten einen Sitz (das britische Wahlrecht ist Mehrheitswahlrecht; Anrechnung von Stimmen auf Listen gibt es nicht), aber die Partei konnte immerhin in London durchschnittlich 3% der abgegebenen Stimmen auf sich vereinen.

Seither sind die Zahlen um über 20% zurückgegangen. Politische Beobachter sehen die Gefahr heute weniger in einem Erstarken der Partei als in einer Vergiftung des gesellschaftlichen Klimas durch die Verbreitung von Haßpropaganda und entsprechende Aktionen der Parteianhänger.

Potentielle Wähler sind Leute aus Elendsvierteln, die bei einer hohen Inflationsrate und steigender Arbeitslosigkeit von den anderen Parteien enttäuscht sind und keine Zukunft für sich sehen. Angaben über die Zahl der eingetragenen Mitglieder schwanken zwischen 5 000 und 20 000.
Wahlpropaganda: Die NF schlägt aus den Ängsten der Menschen Kapital. Sie beschwört Bilder von schwarzen und braunen Horden, die dem weißen Engländer wegnehmen, was ihm gehört. (Die schwarze und asiatische Bevölkerung macht mit 2 013 000 Menschen 3,6% der Gesamtbevölkerung aus.) Ein Beispiel rassistischer Propaganda: „A kipper found in a basket of kittens is still a kipper" („Ein Bückling in einem Korb mit Kätzchen bleibt dennoch ein Bückling.").

● *Eine weitere – womöglich noch aggressivere – neonazistische Gruppierung ist „the British Movement". Weißt du etwas über diese Bewegung?*
● *Was weißt du über rechtsradikale Gruppierungen in der Bundesrepublik? (Informationsmaterial kann von der Aktion Sühnezeichen/Friedensdienste in Berlin [Adresse im Anhang] bezogen werden.)*

Die Synagoge

Entstehungsgeschichte

Im Jahr 70 n. Chr. zerstörten die Römer das zentrale Heiligtum der Juden, den Tempel in Jerusalem. Das bedeutete das Ende des Opferkultes und für den erblichen Priesterstand das Ende der Berufsausübung.

Das rabbinische Judentum vermochte diese Katastrophe auch deshalb zu überleben, weil in den Gemeinden des östlichen Mittelmeerraumes inzwischen längst die Synagoge verbreitet war, die nunmehr alleiniger Träger des religiösen Lebens wurde. Sie war ein schlichter Versammlungsort für Gebet und Lehre und hatte sich zunächst in den Gemeinden außerhalb, später auch innerhalb Palästinas als Ergänzung und Parallele zum Tempel eingebürgert; seine Erbin war sie nicht.

Ob ihre Anfänge in die Zeit des babylonischen Exils (586–537 v. Chr.) zurückreichen, ist umstritten; aber denkbar ist es durchaus, daß sich damals eine Gruppe der nach Babylon Verbannten in einem gemie-

teten Zimmer zusammenfand, um gemeinsam darüber nachzudenken, warum es zu der Vertreibung aus dem verheißenen Land gekommen war und was Gott in fremder Umgebung jetzt von ihnen wollte. Um Antwort auf diese Fragen zu finden, widmete man sich verstärkt dem Studium der Tora.

Links: Modell des herodianischen Tempels in Jerusalem
Oben: Synagoge in der Berliner Fasanenstraße um 1914. Auf dem Platz dieser 1938 von den Nationalsozialisten zerstörten Synagoge wurde 1959 das neue jüdische Gemeindehaus (Mitte) eingeweiht.

Der Rabbiner

Die heutigen Rabbiner sind die Nachfolger jener gelehrten Männer und Lehrer, die sich um die Tora mühten und in den Lehrhäusern diskutierten. Sie sind Lehrer und keine Priester. Sie sind als Kenner der Halacha und als Kenner der Schriftauslegung die geistigen Autoritäten ihrer Gemeinden. Heute nehmen sie auch gesellschaftliche Aufgaben wahr, leiten Sammelaktionen und führen den Dialog mit Andersgläubigen.

Den Beruf des Rabbiners mit Gehaltsansprüchen gibt es erst seit dem 19. Jahrhundert. Zuvor waren Rabbiner zur Sicherung ihrer Existenz normalen Berufen nachgegangen und hatten sich dem Tora- und Talmudstudium in ihrer Freizeit gewidmet. Raschi war Weinbauer, Maimonides war Arzt. In Osteuropa kam es nicht selten vor, daß die Frau eines Rabbiners die Geschäfte der Familie führte, um ihrem Mann ein ununterbrochenes Lernen und Lehren zu ermöglichen.

Leser fragen – der Rabbiner antwortet

Die ,,Ask the Rabbi"-Spalte in der englischen Wochenzeitschrift ,,Jewish Chronicle" geht auf die jahrhundertealte Tradition des Befragens rabbinischer Autoritäten zurück. Die folgenden Beispiele stammen aus den Jahren 1978–1980:

– Warum essen *sephardische* Juden während des Passafestes keinen Reis?
– Muß und kann man alle 613 Gebote befolgen, wenn man orthodox sein will?
– Wieviele Minuten nach Sonnenuntergang endet der Sabbat?
– Die Frau von Moses war keine Jüdin. Waren dann auch seine Kinder keine Juden?
– Das Jahr 1978 ist nach dem jüdischen Kalender das Jahr 5738. Wo setzt die Zählung ein?
– Dürfen Juden nach ihrem Tod ihre Organe für Transplantationen zur Verfügung stellen?
– Ist Raumfahrt ein moderner Turmbau zu Babel und daher Sünde?
– Ist es besser, wenn ich am *Versöhnungstag* mein Fasten breche, um zur Synagoge zu gehen, oder wenn ich zu Hause bleibe, um das Fasten ertragen zu können?

Der Gottesdienst

Damit ein jüdischer Gottesdienst stattfinden kann, müssen mindestens zehn religiös mündige (d. h. über 13 Jahre alte) Männer beisammen sein. Man nennt diese Zahl den *Minjan*. Jeder dieser Männer kann zum Verlesen eines Tora-Abschnittes aufgerufen werden. Eben dies ist Zeichen seiner Religionsmündigkeit *(Bar Mizwa)*. Den Gottesdienst leitet als Beauftragter der Gemeinde ein Kantor oder Vorbeter, der die Psalmen und Gebete singend oder sprechend vorträgt. Der Rabbiner kann, aber muß nicht anwesend sein. Er kann, aber muß nicht predigen.

Die christliche Kirche hat wichtige Elemente aus dem Synagogengottesdienst übernommen: das Verlesen und Auslegen eines Bibeltextes, das Bekennen des Glaubens, das gemeinsame Sprechen von Gebeten und Psalmen, den Segensspruch, mit dem die Gemeinde verabschiedet wird. So wird ein Christ, der an einem Synagogengottesdienst teilnimmt, Vertrautes erkennen. Auf der anderen Seite wird ihn manches überraschen.

Den folgenden Text hat *Lionel Blue* für seine christlichen Freunde geschrieben, um ihnen ein besseres Verständnis zu ermöglichen. Unausgesprochen steht hinter jedem Satz der Vergleich mit der Kirche.

Gottesdienst in der Synagoge der Rue Notre-Dame de Nazareth in Paris am Jom Kippur 1875

„Das erste, was Sie lernen müssen, ist, daß eine Synagoge keine Kirche ist, weder eine gute noch eine schlechte. Es ist nicht der beste Platz, religiöse Erfahrungen zu machen, denn gewöhnlich ist es zu laut ... Sie bietet wenig Stille oder Vorgeschmack einer anderen Wirklichkeit, und es wird kein Mysterium zelebriert ... Der traditionelle Gottesdienst erfordert auch eine beachtliche Sprechtechnik des Beters. Nur zu oft, unfähig mitzukommen, bleibt man am Weg liegen, während die ‚lange Ordnung des Gottesdienstes' mitleidslos weitergeht; ab und zu nimmt man den Faden wieder auf, wie und wann es geht ...

Synagogen sind für alle offen, und es ist am besten, wenn Sie selbst einmal eine aufsuchen. Gehen Sie hinein und sehen Sie sich sorgfältig um. Übersehen Sie im Geist die Ornamente, und Sie werden feststellen, daß es ein gewöhnlicher Raum ist mit einem Bücherschrank an der Stirnseite. In dem Bücherschrank – gewöhnlich ist es ein Schrein – befindet sich eine Rolle mit den fünf Büchern Mose ...

Beim Eintritt in die Synagoge empfängt einen der Lärm von Gebet und Geplauder. Eine Unterhaltung zwischen Nachbarn mischt sich mit dem Gemurmel eines sich wiegenden Beters. Der Rabbiner liest still für sich auf der Estrade, zwei Vertreter der Gemeinde neben ihm besprechen die Einzelheiten des Gottesdienstes. Ständig kommen und gehen Leute ... Die Atmosphäre bringt einen aus der Fassung. Der Geist der Außenwelt strömt in den heiligen Ort, und es scheint überhaupt kein sehr heiliger Ort zu sein ...

Der verworrene Lärm der Synagoge hat seine eigene Größe. Er bezeugt eine heilige Einheit des äußeren und des inneren Geschehens. Geplauder in der Synagoge setzt Gebet auf dem Marktplatz voraus. Ebenso, wie die materiellen Beschäftigungen in das Gebäude eindringen, dringt die Kenntnis Gottes hinaus in die Einzelheiten des täglichen Lebens ...

Die Gebete in der Synagoge treiben die Beter in die Welt hinaus, sie halten sie nicht zurück in der Meditation. Altersheime, Geld für Israel, Sanitätswagen, Hilfe für Flüchtlinge strömen aus der jüdischen Liturgie ... Wenn Juden sich über die Feinheiten der Liturgie streiten, empfinden sie das als eine Art Luxus – einen von Gott erlaubten Sport. Sie werden ernsthafter, wenn es sich um die Organisation von Tombolas und Verlosungen und das Aufbringen von Geldmitteln handelt."

Lionel Blue

Christliche Schüler im Gespräch mit einem Rabbiner

● *Was wird den christlichen Besucher alles überraschen?*
● *Was würdest du einem Gast aus Israel erzählen, um ihm einen Eindruck von einem Gottesdienst in deiner Kirche zu vermitteln?*
● *Erkundige dich, ob bzw. wo es an deinem Wohnort oder in der näheren Umgebung eine Synagoge gibt und ob die Möglichkeit besteht, Kontakt zur örtlichen Gemeinde zu gewinnen. (Die jüdischen Gemeinden von Berlin und Wuppertal haben immer wieder Schulklassen in ihren Freitagabendgottesdiensten willkommen geheißen. Die Schüler äußerten vielfach, daß dieser lebendige Kontakt für sie hilfreicher und wichtiger gewesen sei als jeder Vortrag zum Thema.)*

Die Torarolle

Während des Gebetsgottesdienstes am Freitagabend bleibt der Toraschrank verschlossen; am Sonnabend und an Feiertagen wird er für die Schriftlesung des *Wochenabschnitts* geöffnet. Bella Chagall hat diesen Augenblick geschildert, wie er sich ihr beim Versöhnungsfest *(Jom Kippur)* in der Kindheit eingeprägt hat:

„Plötzlich geht ein Raunen durch die Synagoge. Sie füllt sich mit Männern... Die Männer drängen sich um den Vorbeter. Der schwere Thora-Vorhang wird zur Seite gezogen. Ruhe breitet sich aus, als stünde die Luft still. Man hört nur das Rauschen der Gebetsmäntel. Die Männer nähern sich dem Thora-Schrein. Wie aus dem Schlaf erweckte Prinzessinnen werden die Thora-Rollen aus der Lade gehoben. Auf ihren weißen und dunkelroten Samthüllen glänzen gleich Himmelsgestirnen die Davidssterne, in Gold und Silber gestickt. Die silbernen Griffe sind mit Perlmutter eingelegt, mit Kronen und kleinen Glöckchen verziert.

Glanz verbreitet sich um die Thora. Die Männer drängen zu ihr hin, umringen sie, begleiten sie, wollen ihres Anblicks teil werden, ihr wenigstens von weitem einen Kuß zuwerfen. Und sie, die herrlichen Thora-Rollen, erheben sich hoch über allen Häuptern, über allen ausgestreckten Armen, und werden langsam durch die Synagoge getragen."

Bella Chagall

● *Auf welche Weise wird die Tora geehrt? Stelle alles zusammen, was sich den Texten und Abbildungen (auch denen auf Seite 6–7) entnehmen läßt.*
● *Welche Empfindungen weckt die Tora bei den Frommen? Wo findet sich Entsprechendes im christlichen Glauben?*

Tausende bei Beisetzung einer Thora-Rolle in Westjordanien

Kultgegenstände von Arabern zerstört – Weiter Ausgangssperre in Hebron
Verstärkte Sicherheitsvorkehrungen in Israel

Jerusalem (dpa/ddp). Tausende gläubiger Juden, unter ihnen Regierungsmitglieder, die oberste Geistlichkeit und Vertreter des Generalstabes, gaben gestern in der westjordanischen Stadt Hebron den Überresten von Thora-Rollen und anderen Kultgegenständen das letzte Geleit, die von Arabern zerstört worden waren. Araber hatten am Sonntag in der von Israel besetzten Stadt Hebron am Grabmal des von Juden und Moslems verehrten Stammvaters Abraham eine Synagoge gestürmt und verwüstet. Dieser Akt war bisher unbewiesenen arabischen Beschuldigungen über Koran-Schändungen durch Juden am Prophetengrab gefolgt. Sowohl in Israel als in der islamischen Welt haben die Vorgänge großes Aufsehen erregt.

Jüdische Religionsgesetze schreiben für nicht mehr brauchbare Kultgegenstände und insbesondere die Thora als Mittelpunkt jüdischen Glaubens eine Beerdigung wie für Menschen vor. Die Kultgegenstände wurden in sieben Tonkrügen und vier Holzsärgen beigesetzt.

Am Trauerzug von Abrahams Grab in Hebron bis zum jüdischen Friedhof der Stadt nahmen Verteidigungsminister Peres, Religionsminister Rafael, Innenminister Burg und Sozialminister Hammer teil. Auch Generalstabschef Gur, der Oppositionsführer Begin und die beiden israelischen Chefrabbiner Schlomo Goren und Ovadia Josef gehörten zu den Trauergästen.

Die Beisetzung erfolgte nach militärischem Zeremoniell. Goren rief in einer Trauerrede Juden und Araber zur Mäßigung auf und appellierte an alle, „den Haß nicht noch zu vertiefen".

Hebron und Umgebung standen gestern weiter unter einer Ausgangssperre. In Nablus und anderen Orten Westjordaniens kam es zu neuen Zusammenstößen zwischen arabischen jugendlichen Demonstranten und Sicherheitskräften. Anläßlich des gestrigen Jahrestages des Jom-Kippur-Krieges waren in ganz Israel verstärkte Sicherheitsmaßnahmen getroffen worden. So wurden auf dem Flughafen Lod verschärfte Kontrollen vorgenommen.

Der Tagesspiegel, Berlin, 7. 10. 1976

Sitzordnung und Stellung der Frau

In orthodoxen Gemeinden sitzen Frauen und Männer während des Gottesdienstes voneinander getrennt. Diese Tradition reicht bis ins Altertum zurück und wurde gewöhnlich in der Weise verwirklicht, daß ein Gitter oder ein Vorhang die Frauen vor den Augen ihrer betenden Männer verbarg. Daß die Frauen wenig oder nichts hören konnten, war unerheblich, da die Teilnahme am Gottesdienst nicht zu ihren religiösen Pflichten gehörte. Heute hat sich eine den Frauen gegenüber freundlichere Form des getrennten Sitzens durchgesetzt: sie sitzen voll sichtbar auf der Empore oder im hinteren Teil des Raumes. Von Zeit zu Zeit steht diese Regelung selbst in einzelnen orthodoxen Gemeinden zur Diskussion, wie aus dem nachstehenden (gekürzten) Zeitungsbericht hervorgeht. (Die dort genannte Gemeinde gehört zum reformwilligen, Änderungen gegenüber eher aufgeschlossenen Flügel der Orthodoxie.)

So will es die Tradition:

– Frauen sitzen auf der Empore;
– sie zählen nicht zur Herstellung eines *Minjan*;
– sie werden nicht zur Tora-Lesung aufgerufen;
– sie tragen keinen Gebetsmantel *(Tallit)* und keine Gebetsriemen *(Tefillin)*;
– sie werden nicht durch eine besondere Feier in die Gemeinde aufgenommen *(Bar Mizwa)*.

So will es das Reformjudentum:

Reformgemeinden haben die getrennte Sitzordnung nicht beibehalten. Sie sind Verfechter einer absoluten religiösen Gleichberechtigung. Sie kennen eine festliche Aufnahme in die Gemeinde auch für Mädchen *(Bat Mizwa)*. Sie haben aus dem täglichen Morgengebet des Mannes den Satz gestrichen: ‚Gelobt seist du, Ewiger, unser Gott, König der Welt, der du mich nicht als Frau erschaffen hast.'

Sitzordnung durch Abstimmung bestätigt

LONDON

Am Sonntag ist auf der Jahresversammlung der New London Synagogue der Versuch gescheitert, die Trennung der Geschlechter während des Gottesdienstes durch Mehrheitsbeschluß aufzuheben ...

Der Antrag wurde mit 42 gegen 28 Stimmen bei einer großen Zahl von Stimmenthaltungen abgelehnt. Vor allem stimmten die Frauen der Gemeinde gegen den Antrag, wobei der Wunsch, an der Tradition festzuhalten, eine maßgebliche Rolle spielte.

Die Antragsteller hatten betont (und waren hierin später vom Rabbiner der Gemeinde, Dr Louis Jacobs, unterstützt worden), daß keine halachischen Bedenken vorlägen, ... daß der Beschluß sich segensreich für die Gemeinde auswirken und die Jugend sich stärker zu den Sabbatgottesdiensten hingezogen fühlen würde ...

Jewish Chronicle, 21. 5. 1976

Gottesdienst in der Pestalozzistraße in Berlin. Frauen und Männer sitzen getrennt.

- Wie würdest du bei einer solchen Abstimmung entscheiden? Trage deine Argumente für oder gegen eine getrennte Sitzordnung vor.
- Kennst du aus der katholischen und evangelischen Kirche ähnliche Fragen, um die Traditionalisten und Reformer miteinander ringen?

In der Diskussion um die Benachteiligung der Frauen in der Synagoge wird von orthodoxer Seite darauf verwiesen, daß die synagogalen Rechte und Pflichten des Mannes an bestimmte – vom Talmud genau festgelegte – Zeiten gebunden sind, zu deren Einhaltung Frauen wegen ihrer besonderen Aufgaben in Haus und Familie nicht verpflichtet werden können. Zugleich wird das, was eine Frau im Haus und in der Familie leistet, als zwar andersartige, aber darum doch nicht weniger religiöse Handlung gepriesen. Hier setzt die Kritik innerhalb der Reformbewegung ein. Man bezweifelt, daß eine fehlende Verpflichtung (so der Talmud) dasselbe sei wie ein Verbot.

„ES GIBT KEINE rabbinische Quelle, die Frauen verbietet, aus der Tora zu lesen – jedenfalls keine, mit der man nicht streiten könnte."

Rabbinerin Julia Neuberger,
„The Guardian", 20.8.1979

- Sind Frauen deiner Meinung nach im traditionellen Judentum geringgeachtet? Beziehe das Kapitel über den Sabbat (Seite 18–26) und die beiden Geschichten auf Seite 34 in deine Überlegungen mit ein.

WARUM GOTT EVA AUS DER RIPPE ERSCHUF

Das zweite* Weib Adams – Eva – schuf Gott aus der Rippe.
Nicht aus dem Kopfe, damit es nicht putzsüchtig nur an den Schmuck seines Hauptes denke.
Nicht aus dem Auge, damit es nicht zügellos den Blick umherschweifen lasse.
Nicht aus dem Ohr, daß es nicht neugierig werde.
Nicht aus dem Munde, damit es seine Zunge beherrsche und nicht überflüssig plaudere.
Nicht aus dem Herzen, um es vor Neid zu bewahren.
Nicht aus der Hand, damit es nicht begierig nach allem die Hand ausstrecke.
Nicht aus dem Fuße, damit es seine Schritte bewache und nicht ziellos auf den Straßen herumschweife.
Aus der Rippe, die dem Auge des Menschen entzogen und stets unter der Hülle des Kleides verborgen ist, aus ihr schuf Gott das Weib. Denn die Zierde des Weibes ist die stille Zurückgezogenheit, die sittsame Beschränkung auf den häuslichen Kreis mit seinen Pflichten und seinem lauteren Glück.

Midrasch zum 1. Buch Mose

---

* Nach dem Talmut hieß das erste Lilith.

VERTILGUNG DER SÜNDEN, NICHT DER SÜNDER

In der Gegend von Rabbi Meir wohnten Verbrecher, die ihm viel zusetzten.
  Rabbi Meir betete daher, daß sie sterben mögen. Seine Frau Beruriah hörte das mit an. Dann sprach sie zu ihm:
  „Wie kannst du nur vermuten, daß ein solches Gebet erlaubt wäre?! Etwa, weil es im Psalm 104, 35 heißt: ‚Mögen die Sünder von der Erde verschwinden'? Aber das Wort, das du als ‚Sünder' (hebräisch *chatta-im*) liest, kann auch als ‚Sünden' (hebräisch: *chata-im*) gelesen werden. Und sieh dir auch den zweiten Teil des Verses an: ‚Und mögen die Frevler nicht mehr sein'. Das bedeutet, daß es, wenn es keine Sünden mehr gibt, auch keine Frevler mehr geben wird. Du sollst also dafür beten, daß diese Menschen Buße tun. Dann wird es keine Frevler mehr geben."
  Rabbi Meir tat es; und die Verbrecher taten Buße.

aus dem Talmud

Reformen des Liberalen Judentums

Die Bewegung des Liberalen (Progressiven) Judentums wurde in Deutschland geboren und von dort aus in viele westliche Länder getragen. Sie ist ein Kind der jüdischen Emanzipation. Nach jahrhundertelanger kultureller Isoliertheit im Ghetto wurden die Juden nach dessen Auflösung zu Beginn des 19. Jahrhunderts auf einmal vom Strom europäischen Denkens erfaßt. Die Angleichung an die Moderne wurde versucht. Die ersten Reformbemühungen galten dem Gottesdienst, den man in seiner bisherigen Form als nicht würdevoll, als ungeordnet und als zu lang empfand.

Rabbiner Leo Baeck (1873–1956) war der bedeutendste Vertreter des Liberalen Judentums in unserer Zeit. Das nach ihm benannte Leo-Baeck-College in London bildet heute alle Reformrabbiner in Europa aus.

Rabbinerin Sally Preisand wurde 1972 als erster weiblicher Rabbiner von der amerikanischen Reformsynagoge ordiniert. Bis 1981 wuchs die Zahl auf 33 an. Die erste europäische Rabbinerin gibt es seit 1975. Das Reformjudentum ist eine Richtung innerhalb des Liberalen Judentums.

Die traditionelle Unruhe – jeder betete in der Weise und in dem Tempo, das ihm für seine individuelle Zwiesprache mit Gott als gut erschien – sollte einer Ordnung weichen, bei der die Gemeinde sich geschlossen an die aufgezeichnete Zwiesprache mit dem Vorbeter hielt. Man führte die Orgel ein und gab der Landessprache mehr Raum. Die Predigt gewann an Bedeutung.

Reformgemeinden gibt es heute vor allem in den *USA* (Stand vom 31.12.1976: 720).

In *Großbritannien* gewinnt die Reformbewegung zunehmend an Bedeutung. Den 33 Reformgemeinden (Stand vom 24.10.1980) stehen heute etwa 200 orthodoxe Gemeinden gegenüber.

In *Israel* ringen einige 20 Reformrabbiner bisher vergeblich um ihre Anerkennung durch die herrschende Orthodoxie.

In *Deutschland*, dem Ursprungsland, ist die Bewegung – wie das mitteleuropäische Judentum insgesamt – der nationalsozialistischen Terrorherrschaft zum Opfer gefallen. Die 30 000 heute wieder in Deutschland lebenden Juden (1932 waren es 550 000) folgen in den vergleichsweise wenigen wieder aufgebauten Synagogen einer konservativeren oder einer strikt orthodoxen Form. Vertreter des Reformjudentums überwiegend britischer Herkunft kann man in Deutschland heute bei den alljährlich veranstalteten christlich-jüdischen Bibelwochen in Bendorf/Rhein kennenlernen.

● *Würdest du lieber einen orthodoxen oder einen Reform-Gottesdienst besuchen? Begründe deine Entscheidung.*

Chanukka – Das Wunder des Überlebens

Religion – Volk – Schicksalsgemeinschaft

Nach dem Zeugnis der Bibel hat Gott seinen Bund am Sinai mit einem Volk geschlossen: dem Volk Israel. So haben von Anfang an das Bekenntnis zum Gott Israels und die Zugehörigkeit zum Volk Israel zusammengehört. Wie in allen antiken Religionen bildeten Volkszugehörigkeit und Religion eine Einheit. Diese Einheit wurde in der langen, wechselvollen Geschichte Israels nie in Frage gestellt. Erst in der Neuzeit kam es verschiedentlich zu einseitiger Betonung des einen oder des anderen, des religiösen oder des nationalen Aspektes im Judentum. Heute gibt es viele Menschen, denen die religiöse Tradition der Väter nur noch wenig oder nichts mehr bedeutet, die sich aber dennoch dem jüdischen Volk als einer Schicksalsgemeinschaft zugehörig fühlen.

Zutreffend ist indessen auch, daß sich das Judentum nie völlig auf Menschen gleicher Abstammung hat eingrenzen lassen. Das Buch Ruth ist ein biblisches Zeugnis für diese Einstellung. Die halachische Definition unterstreicht sie *(siehe unten)*.

Es hat in der jüdischen Geschichte Zeiten aktiver Mission gegeben (vielfach konnte die christliche Mission an solche Vorarbeit anknüpfen), und es hat Zeiten gegeben, in denen man wegen trauriger Erfahrungen Schranken aufrichtete und sich defensiv verhielt. Die heute noch wirksame Zurückhaltung gegenüber Konvertiten hängt auch damit zusammen, daß das Christentum als neue Staatsreligion ein strenges Missionsverbot über die jüdische Minorität verhängte. Dennoch hat es zu allen Zeiten Proselyten gegeben, und es gibt sie auch heute.

*

Die Halacha bestimmt:
Jude ist, wer von einer jüdischen Mutter geboren wurde, sowie derjenige, der zum jüdischen Glauben übergetreten ist.

*

Unsere Meister lehrten:
,,Wenn einer in dieser Zeit kommt, um Proselyt zu werden, so sagen sie zu ihm: ‚Welchen Gesichtspunkt hast du, daß du gekommen bist, um Proselyt zu werden? Weißt du nicht, daß Israel in dieser Zeit gequält, gestoßen, gezerrt, zerrissen wird, daß Züchtigungen über sie kommen?' Wenn er sagt: ‚Das weiß ich und ich bin nicht würdig', so nehmen sie ihn sofort auf und unterweisen ihn in einigen von den leichteren Geboten und in einigen von den schwereren Geboten . . .''

aus dem Talmud

*

Aus einem Schreiben des Maimonides an den Proselyten Obadja:
,,Du fragst, wie du es mit den Segenssprüchen und Gebeten halten sollst, wenn du allein oder in Gemeinschaft betest; ob auch du sagen dürftest: ‚Gott unserer Väter', ‚der du uns geheiligt hast durch deine Gebote und uns geboten hast, das und das zu tun', ‚der uns ausgesondert hat', ‚der uns erwählt hat' . . . und ähnliches mehr. Ja, du sollst das alles so sprechen, wie es vorgeschrieben ist, und auch kein Wörtchen verändern . . . Seit dem Augenblick, da du dich unter die Fittiche der Gottheit geborgen und zu Gott bekannt hast, gibt es keinen Unterschied zwischen uns und dir, und alle Wunder, die uns geschehen sind, sind gleichsam auch dir geschehen . . .''

JÜDISCHE BEVÖLKERUNG NACH LÄNDERN (1979)

Afrika
Ägypten	400
Äthiopien	28 000
Algerien	1 000
Kenia	400
Libyen	20
Marokko	18 000
Sambia	400
Simbabwe	3 800
Südafrika	118 000
Tunesien	7 000
Zaire	750

Asien
Afghanistan	200
Birma	200
China	30
Indien	8 000
Indonesien	100
Irak	350
Iran	80 000
Israel	3 076 000
Japan	400
Jemen, Arab. Rep.	1 000
Libanon	400
Pakistan	250
Philippinen	200
Singapur	500
Syrien	4 500
Zypern	30

Australien und Neuseeland
Australien	70 000
Neuseeland	5 000

Europa
Albanien	300
Belgien	41 000
Bulgarien	7 000
Bundesrepublik Deutschland	30 000
CSSR	13 000
Dänemark	7 500
DDR	650
Finnland	1 320
Frankreich	650 000
Griechenland	6 000
Großbritannien	410 000
Irland	4 000
Italien	39 000
Jugoslawien	6 000
Luxemburg	1 000
Malta	50
Niederlande	30 000
Norwegen	950
Österreich	13 000
Polen	6 000
Portugal	600
Rumänien	60 000
Schweden	16 000
Schweiz	21 000
Spanien	10 000
Türkei	27 000
Ungarn	80 000
UdSSR	2 678 000

Mittel- und Südamerika
Argentinien	300 000
Bolivien	2 000
Brasilien	150 000
Chile	27 000
Costa Rica	2 500
Guayana	500
Dominikanische Republik	200
Ecuador	1 000
El Salvador	350
Guatemala	2 000
Haiti	150
Honduras	200
Jamaika	500
Kolumbien	12 000
Kuba	1 500
Nikaragua	200
Panama	2 000
Paraguay	1 200
Peru	5 200
Surinam	500
Trinidad	300
Uruguay	50 000
Venezuela	15 000

Nordamerika
Kanada	305 000
Mexiko	37 500
USA	5 781 000

- Stelle anhand der Statistik fest, wo heute Juden leben.
- Im Staat Israel bilden die Juden die Mehrheit. Sonst leben sie überall auf der Welt als religiöse Minderheit. Wie groß ist ihr Anteil an der Gesamtbevölkerung in Deutschland oder einem anderen Land, das dich interessiert?
- Inwiefern kann man im Hinblick auf Menschen, die über so viele Länder der Erde verteilt leben, von einer „Schicksalsgemeinschaft" sprechen?

Der Makkabäeraufstand

Chanukka ist mit seinen 2100 Jahren ein relativ junges Fest im jüdischen Festkalender. Verglichen mit den großen Festen, die ihre Wurzeln in der Bibel haben, ist es nur ein einfacher historischer Gedenktag. Die Ereignisse, die zu seiner Entstehung Anlaß gaben, stehen im apokryphen 1. Makkabäerbuch. Es geht dort um einen jüdischen Guerillakrieg:

Die Zeit: 168–164 v. Chr.
Der Ort: Judäa unter der Herrschaft der seleukidischen Griechen, die vom zusammengebrochenen Weltreich Alexanders des Großen den syrischen Brocken geerbt hatten.
Die Kriegsursache: Versuch einer rücksichtslosen Hellenisierung des jüdischen Volkes durch den syrischen König Antiochus IV., einen Bewunderer griechischer Kultur. Zu seinen Maßnahmen gehörten:
  Entweihung des Tempels durch Ferkelopfer;
  Errichtung heidnischer Götterbildnisse in allen Dörfern;
  Einführung der Todesstrafe für Beschneidung, Sabbatheiligung, Unterweisung in den heiligen Schriften.
Der Kriegsanlaß: Ermordung eines königlichen Beamten, der zum Ferkelopfer nötigte, durch den jüdischen Priester Mattathias.
Die Kriegsparteien: Auf seiten der Staatsgewalt die syrische Armee; als Anführer der Guerillas die fünf Söhne des Mattathias, insbesondere Judas Makkabäus.
Das Ergebnis: Militärischer Sieg der Guerillas. In den folgenden Jahrzehnten Errichtung eines selbständigen jüdischen Staates. Bewahrung des ethischen Monotheismus Israels.

Das rücksichtslose Hellenisierungsprogramm war ein Programm der Gleichschaltung. „Daß alle zu einem Volk werden und jeder seine besonderen Bräuche aufgeben solle" (1. Makkabäer 1,41), war oberstes politisches Ziel. Die hellenistische Weltkultur war auch für viele Juden attraktiv, und groß war die Verlockung, sich ihr als Einheitskultur zu unterwerfen:

„Laßt uns doch mit den Völkern, die um uns sind, uns verbrüdern! Denn seit wir uns von ihnen abgesondert haben, hat uns viel Unglück betroffen" (1. Makkabäer 1,11). Der Eifer der Aufständischen, die sich dieser Auffassung entgegenstellten, entsprang nicht in erster Linie einem nationalen Freiheitsbedürfnis; er entsprang ihrer Treue zur Tora.

Das Lichtwunder

Das rabbinische Judentum war offenbar nicht daran interessiert, den militärischen Sieg der Makkabäer ins Zentrum des Gedenkens zu rücken. Zwei Beobachtungen deuten darauf hin:
– Der Prophetenabschnitt, den der Talmud für den Sabbat der Chanukkawoche festlegte, enthält den Vers: „‚Nicht durch Heeresmacht und nicht durch Gewalt, sondern durch meinen Geist!' spricht der Herr der Heerscharen" (Sacharja 4,6).
– Das Festsymbol, der Chanukkaleuchter, erinnert an ein anderes Wunder als das des militärischen Erfolgs. Es hat sich der Legende nach bei der Wiedereinweihung des entweihten Tempels zugetragen. Man entdeckte damals einen unversehrt gebliebenen Krug mit geweihtem Öl für den Tempelleuchter, dessen Inhalt – ein Vorrat für 24 Stunden – auf wunderbare Weise acht Tage lang reichte.

● *Da Chanukka zeitlich fast mit dem christlichen Weihnachtsfest zusammenfällt, legt sich ein Vergleich nahe. Welche Gemeinsamkeiten und welche Unterschiede siehst du?*

Die Frage des Überlebens heute

In der Legende vom Lichtwunder verdichtet sich für fromme Juden das Wunder ihrer Geschichte: in andersgläubiger und oft feindlicher Umwelt hat das Judentum als Religion einer kleinen Minderheit mehr als 2000 Jahre überlebt.
- *In welcher Weise droht heute Gefahr für den Bestand des Judentums? Arbeite die Antworten heraus, die der nachstehende Text von Herman Wouk auf diese Frage gibt.*

„In den zwei großen politischen Lagern unserer heutigen Welt... stehen sie (die Juden) wieder vor dieser Frage.

Die Kommunisten nehmen dabei den Juden gegenüber im allgemeinen, wenn auch nicht mit der gleichen Primitivität, die Haltung des Antiochus ein. Die Sowjets betrachten unsere Religion als ein Überbleibsel aus barbarischen Zeiten, die gegen die Weisheit und Gediegenheit des Marxismus nicht aufkommt. Es spricht gegen alle Vernunft und die Interessen des Staates, Kinder in diesem unhaltbar gewordenen semitischen Aberglauben zu erziehen. Die Polizei untergräbt daher einen solchen Unterricht, wobei sie manchmal einen offenen Zwang ausübt...

Der Westen bezieht eine andere Position, die allerdings nicht weniger folgenschwer ist. Es ist das alte Lied: den Juden wird eine bessere Lebensform geboten, und so sollten sie dafür ihre Religion aufgeben... Die Haltung der Regierung, die sich in der Tat mit der tiefen Überzeugung der meisten amerikanischen Führer deckt, ist, daß die jüdische Gemeinschaft das Recht und die Pflicht hat, am Glauben ihrer Väter festzuhalten. Was dagegen spricht, ist die weitverbreitete... ‚Tyrannei der Mehrheit'... Der Druck, es seinen Nachbarn gleichtun zu müssen, die Notwendigkeit, sich in Übereinstimmung mit Ansichten und Sitten, die gang und gäbe sind, zu sehen, die tiefsitzende Furcht vor dem Anderssein – das sind in Amerika die Machtmittel des Antiochus."

Der Chanukkaleuchter unterscheidet sich von der siebenarmigen Menora, dem wohl bekanntesten Symbol des Judentums, durch die Anzahl seiner Arme. Man stellt ihn während der Festwoche für die Außenwelt sichtbar ins Fenster und zündet jeden Abend eine Kerze mehr an als am Abend zuvor. Die von den übrigen etwas abgehobene neunte Kerze benutzt man zum Anzünden der anderen. Chanukka ist eine fröhliche Zeit des Schenkens und des Spielens.

Zionismus und Religion

Zur Geschichte des Landes

Palästina/Israel ist ein kleines Land. Seine geographische Lage bedingte sein Schicksal. Im Laufe seiner Geschichte wurde es von einer Großmacht nach der anderen überrollt und größeren Herrschaftsbereichen eingegliedert. Die Zeiten staatlicher Selbständigkeit waren vergleichsweise von kurzer Dauer.

Das Land ist den drei monotheistischen Religionen heilig. Aber daß es für Christen und Moslems heilig wurde, ist eine Folge seiner Bedeutung für die Juden.

Jerusalem. Blick vom Ölberg auf den Tempelplatz mit der Omar-Moschee

Das Land im Alten Testament

Im Alten Testament ist das Land eines der ganz zentralen Themen. Immer war sich das Volk Israel dessen bewußt, daß sein Wohnen im gelobten (= *verheißenen*) Land ein Geschenk Gottes war. Gott schenkte die Tora, und Gott schenkte das Land, und da die Tora Weisung für das Leben im Land war, gehörten beide Geschenke zusammen. Viele Aussprüche der Propheten erinnern an diesen Zusammenhang, wenn sie den drohenden Landverlust damit begründen, daß das Volk die Gebote der Tora mißachtet habe (vgl. Amos 5, 1–27 und Jeremia 2, 4–7; 5, 15–19). Gleichzeitig aber hat die Erfahrung, daß Gott das Land auch wieder wegnehmen konnte, nicht dazu geführt, daß man seine Verheißung für erschöpft und für erledigt hielt. Gegen die Untreue des Volkes setzten die Propheten die Treue Gottes, wenn sie einen Neuanfang im Land verhießen (vgl. Amos 9, 14–15; Jeremia 29, 10–11; 32, 6–15).

- *Wie wird in der Bibel die Tatsache gedeutet, daß gerade dem Volk Israel das Land gegeben wurde? (Vgl. 5. Mose 7, 7; 8, 17; 9, 5.)*
- *Das jüdische Volk hat in seiner Geschichte beides mehr als einmal erlebt: die Erfüllung der Landverheißung und den Verlust des Landes. Wo findest du diese historischen Augenblicke in der Zeittafel?*

ZEITTAFEL

um 1800–1700 v. Chr.	Abrahams Berufung und Wanderung nach Kanaan. Seine Nachkommen ziehen während einer Hungersnot nach Ägypten.
um 1400–1200	Auszug aus Ägypten und Landnahme der 12 Stämme.
um 1200–1000	Richterzeit. Saul wird König.
um 1000–926	**Großreich unter David und Salomo** Bau des 1. Tempels.
926–722 bzw. 586	**Nebeneinander des Nordreiches „Israel" und des Südreiches „Juda" nach der Reichsteilung (926)** Bestand des *Nordreiches* (10 Stämme) bis zum Einfall Assyriens (722); Bestand des *Südreiches* (2 Stämme) bis zum Einfall Babylons (586). Zerstörung des 1. Tempels durch Nebukadnezar. Deportation der Oberschicht nach Babylon.
537–168	**Persische und hellenistische Herrschaft** Das Edikt des Perserkönigs Kyrus (537) ermöglicht den Verbannten die Heimkehr aus Babylon. Wiederaufbau des Tempels.
168–63	**Makkabäeraufstand und Makkabäerreich**
63 v. Chr.–395 n. Chr.	**Römerherrschaft** Zerstörung Jerusalems und des 2. Tempels durch Titus (70). Aufstand der Juden gegen die Römer unter Bar Kochba (132–135). Edikt Kaiser Hadrians, das Juden das Betreten Jerusalems verbietet.
395–638	**Christlich-Byzantinische Herrschaft** Kirchenbau an Stätten aus Jesu Lebensgeschichte, deren Entdeckung Helena, der Mutter des christlich gewordenen Kaisers Konstantin, zugeschrieben wird. Judenfeindliche Beschränkungen wie das Edikt Hadrians bleiben bestehen. Einführung von Zwangstaufen.
638–1099	**Arabische Herrschaft** Eroberung Palästinas durch Kalif Omar, den Nachfolger Mohammeds. Juden dürfen nach Jerusalem zurückkehren. Errichtung der Omar-Moschee und der Al-Aqsa-Moschee auf dem Tempelberg (um 700).
1099–1187	**Kreuzfahrerherrschaft** Blutbad der Kreuzfahrer unter Moslems und Juden in Jerusalem. 1187 beginnt Sultan Saladin einen „Heiligen Krieg" gegen die Kreuzfahrer. Die Kämpfe halten auch unter seinen Nachfolgern noch an.
1260–1517	**Mameluckenherrschaft** Ausbau des islamischen Charakters Jerusalems.
1517–1917	**Türkische Herrschaft**
1917–1948	**Britische Mandatszeit**
1948	**Gründung des Staates Israel**

Das Land in der jüdischen Tradition

Seit den Tagen des babylonischen Exils gab es zwei Formen jüdischer Existenz: das Leben im Land und das Leben in der Diaspora *(Zerstreuung)*. Nicht alle Juden kehrten aus Babylon zurück, als das Kyrus-Edikt ihnen die Heimkehr ermöglichte. Andere gründeten im 5. vorchristlichen Jahrhundert die ersten jüdischen Handelskolonien im Mittelmeerraum. Bei der Bevölkerungsverschiebung spielten der Verlust der Eigenstaatlichkeit und vor allem wirtschaftliche Gründe eine Rolle. Schon zur Zeit Jesu lebten weniger Juden innerhalb des Landes als außerhalb. Vollends nach der Zerstörung des 2. Tempels und nach dem Scheitern des Bar-Kochba-Aufstandes verlagerte sich der Schwerpunkt jüdischen Lebens in die Diaspora. Die Bindung an das verheißene Land ging damit jedoch nicht verloren.

● *Welche Bedeutung hat das Land in den folgenden Texten aus Talmud und Liturgie?*

„Unsere Meister lehrten: Man ziehe nur dann vom Israelland außer Landes, wenn ein Doppelsea *(etwa 26 Liter Getreide)* einen Sela *(eine Silbermünze)* kostet *(damals ein fast unerschwinglicher Preis)*. Rabbi Schimon sagte: ‚Wann? In einer Zeit, da einer gar nichts zu kaufen findet; aber in einer Zeit, da er noch etwas zu kaufen findet, soll er nicht wegziehen, selbst wenn ein Sea einen Sela kostet.'"

aus dem Talmud

„Stoße in das große Horn zu unserer Befreiung, erhebe das Panier, unsere Verbannten zu sammeln, und bringe uns zusammen von den vier Enden der Erde. Gelobt seist du, Gott, der du die Verstoßenen deines Volkes Israel sammelst.
Nach deiner Stadt Jerusalem kehre in Erbarmen zurück, wohne in ihr, errichte sie bald in unseren Tagen als ewigen Bau, und Davids Thron gründe schnell in ihr. Gelobt seist du, Gott, der du Jerusalem erbaust."

Aus dem Achtzehnbittengebet (Es ist dem christlichen Vaterunser vergleichbar. Fromme Juden beten es dreimal täglich.)

Synagoge von Kapernaum. Ausgrabungen wie diese bezeugen für das 3. bis 5. Jahrhundert noch etwa 50 Synagogen in Palästina. Nach der Zerstörung Jerusalems lagen die Siedlungszentren in Galiläa. Im Laufe der Zeit verringerte sich der Anteil der Juden an der Gesamtbevölkerung. Als nach den Massakern der Kreuzritter nur noch etwa 1000 jüdische Familien in Palästina lebten, war die niedrigste Zahl erreicht.

„Es sprach der Heilige, gepriesen sei er: ‚Eine kleine Schulklasse im Lande Israel ist mir lieber als eine große Akademie außerhalb des Landes.'"

aus dem Talmud

Mosaikfußboden einer Synagoge aus dem 6. Jahrhundert (Ausgrabung in Nirim im südlichen Israel)

„Das Leben im Land wiegt alle Gebote auf."

aus dem Talmud

„Nächstes Jahr in Jerusalem!"
(Mit diesen Worten, die man einander zuruft, schließt die Liturgie am Abend des Passafestes.)

„An den Strömen Babels,
da saßen wir und weinten,
wenn wir Zions gedachten;
an die Weiden im Lande
hängten wir unsre Harfen.
Denn dort hießen uns singen,
die uns hinweggeführt,
hießen uns fröhlich sein
unsre Peiniger:
‚Singt uns eines
von den Zionsliedern!'
Wie könnten wir des Herrn Lied singen
auf fremder Erde?
Vergesse ich deiner, Jerusalem,
so müsse meine Rechte verdorren!"

Psalm 137, 1–5

● *Zionssehnsucht gibt es auch in der christlichen Liturgie. Der Choral „Jerusalem, du hochgebaute Stadt" (EKG 320) ist ein Beispiel dafür. Wodurch unterscheidet sich in diesem Choral das christliche Jerusalemverständnis vom jüdischen?*
● *Psalm 137 ist die Vorlage für den westindischen Reggae-Song „By the Rivers of Babylon", der Ende der 70er Jahre sehr beliebt war. Weißt du, welchen Bedeutungswandel die Zionssehnsucht hier erfährt?*

Was ist Zionismus?

Der Begriff ‚Zionismus' ist jung; der Name ‚Zion', von dem er sich herleitet, ist über 3000 Jahre alt. ‚Zionismus' tauchte erstmals in einer Schrift von 1893 auf. Von ‚Zion' spricht schon die Bibel und später die jüdische und christliche Liturgie. Verschiedene Hügel Jerusalems trugen diesen Namen, ehe er sich auf ganz Jerusalem und auf das ganze Land ausdehnte.

Als im ausgehenden 19. Jahrhundert die zionistische Bewegung als organisierte Heimkehrbewegung der Juden in das Land ihrer Väter entstand, gab es sehr unterschiedliche

Zielvorstellungen und Zukunftsvisionen. In dem einen der folgenden Texte, die einander gegenübergestellt sind und die beide von Martin Buber stammen, geht es um die Vision Theodor Herzls; in dem anderen um seine eigene:

Theodor Herzls Vision:

„Soweit ich mich entsinne, trafen wir uns im Mai oder Juni 1901 im zionistischen Zentralbüro in Wien. Herzl hatte mich hinbestellt . . .

An der Wand hing die neue Palästina-Reliefkarte, die gerade damals im Büro angekommen war. Nach kurzem Gruß führte mich Herzl sogleich vor die Karte und begann mir auf ihr die wirtschaftliche und technische Zukunft des Landes aufzuzeigen. Sein Finger glitt über die Wüste, und da waren terrassierte Pflanzungen; er fuhr übers Tote Meer und die umliegenden Abhänge, und Wasser und Boden erschlossen ihre verborgenen Schätze; er glitt über eine leere Ebene, und in gewaltigen Reihen erstanden da die Fabriken von hundert Industrien; . . . Schließlich kehrte sein Finger zum Jordan zurück, und Herzl trug mir den Plan vor, ein gewaltiges Staubecken zu errichten, das mit seiner Energie das gesamte Wirtschaftsleben des Landes beliefern werde. Und nun klopfte sein Finger auf einen Punkt der Karte, und er rief: ‚Wieviel Pferdekräfte hat der Niagara? Acht Millionen? Wir werden zehn Millionen haben!' Bewegt stand ich vor diesem Zauberwerk; ich spürte, wie über mich der Jordan-Niagarafall sprühte. Und gleichzeitig mußte ich lächeln: wie fern war das, wie unwirklich! Nein, nicht darum war's, daß wir dienten; nicht um an der Amerikanisierung Asiens teilzuhaben, hatten wir Zions Namen auf unser Banner geschrieben . . .

Mir war es damals nur das geliebte und Gelobte Land, das neu errungen werden sollte, . . . das Land, in dem das Erlösungswunder in Erfüllung gehen soll."

Martin Bubers Vision:

„Zionismus ist etwas anderes als jüdischer Nationalismus. Mit großem Recht heißen wir Zionisten und nicht jüdische Nationalisten; denn Zion ist mehr als Nation . . . ‚Zion' ist kein Gattungsbegriff wie ‚Nation' oder ‚Staat', sondern ein Name, die Bezeichnung für etwas Einziges und Unvergleichliches. Es ist auch keine bloße geographische Bezeichnung wie Kanaan oder Palästina, sondern es ist von jeher ein Name für etwas, was an einem geographisch bestimmten Ort des Planeten *werden* soll; . . . in der Sprache der Bibel: der Anfang des Königtums Gottes über alles Menschenvolk.

Wer sich in Wahrheit zu Zion bekennt, bekennt sich wohl zu einer nationalen Tatsache, aber mehr noch als dieses zu einer übernationalen Aufgabe . . .

Die Selbstbehauptung muß mit einer Hingabe an eine überselbstische Sache verknüpft sein, um deren willen dieses

Martin Buber (1878–1965)

44

Theodor Herzl (1860–1904)

Selbst erhalten wird... Wenn wir nicht *mehr* als das Leben wollen, gewinnen wir auch das Leben nicht."
Martin Buber (auf dem 16. Zionistenkongreß in Basel am 1. August 1929)

Der Wiener Journalist und Schriftsteller Theodor Herzl war der Begründer der zionistischen Weltorganisation; der Religionsphilosoph Martin Buber wirkte in dieser Organisation als einer ihrer Visionäre und Mahner. Herzl berief 1897 – ein Jahr nach dem aufsehenerregenden Erscheinen seines Buches *Der Judenstaat* – den ersten Zionistenkongreß in Basel ein, der unter seiner Leitung ein klares politisches Programm formulierte. Buber war in seinem Denken von messianischen Verheißungen der Propheten geleitet.

Aus dem Baseler Programm:
„Der Zionismus erstrebt für das jüdische Volk die Schaffung einer öffentlich-rechtlich gesicherten Heimstätte in Palästina. Zur Erreichung dieses Zieles nimmt der Kongreß folgende Mittel in Aussicht:
– Die zweckdienliche Förderung der Besiedlung Palästinas mit jüdischen Ackerbauern, Handwerkern, Gewerbetreibenden.
– Die Stärkung des jüdischen Volksgefühls und Volksbewußtseins.
– Vorbereitende Schritte zur Erlangung von Regierungszustimmungen, die nötig sind, um das Ziel des Zionismus zu erreichen."

Jesaja 2,2–4:
„Und es wird geschehen in den letzten Tagen, da wird der Berg mit dem Hause des Herrn festgegründet stehen an der Spitze der Berge und die Hügel überragen; und alle Völker werden zu ihm hinströmen, und viele Nationen werden sich aufmachen und sprechen: ‚Kommt, lasset uns hinaufziehen zum Berge des Herrn, zu dem Hause des Gottes Jakobs, daß er uns die Wege lehre und wir wandeln auf seinen Pfaden; denn von Zion wird die Weisung ausgehen, und das Wort des Herrn von Jerusalem.'

Und er wird Recht sprechen zwischen den Völkern und Weisung geben vielen Nationen; und sie werden ihre Schwerter zu Pflugscharen schmieden und ihre Spieße zu Rebmessern.

Kein Volk wird wider das andre das Schwert erheben, und sie werden den Krieg nicht mehr lernen."

- *Wodurch unterscheiden sich die Zukunftsvisionen Herzls und Bubers?*
- *Welche Fragen drängen sich dir beim Vergleich der beiden Varianten von Zionismus auf?*

Rückkehrversuche

Auch ehe der politische Zionismus zur Heimkehr großen Stils aufrief, hat es Rückwanderungsversuche gegeben. Zwei Beispiele stehen für viele:
– Im Jahr 1211 wanderten wegen unhaltbarer Zustände in Europa 300 Rabbiner aus England und Frankreich in Palästina ein.
– Nach 1492, dem Schicksalsjahr der Judenvertreibung aus Spanien, erreichten die Flüchtlinge in großen Zahlen die nordgaliläische Stadt Safed und entwickelten sie durch den Aufbau einer Webereiindustrie zu einer blühenden Handelsstadt von 20 000 Einwohnern und zum Zentrum einer sich neu entfaltenden Mystik.

Die Juden der Stadt Köln werden lebendig verbrannt. (Holzschnitt aus der Schedelschen Weltchronik 1493)

● Welche Gründe für die Rückwanderung nach Palästina lassen sich dem folgenden Text entnehmen?

An den Überrest Israels in den Städten des Schwabenlandes, der Rheinlande, Steiermarks, Mährens und Ungarns:
Ich habe von der schweren Bedrängnis gehört, unter der unsere Brüder in Deutschland nach wie vor zu leiden haben... So glaube ich denn, daß ich nach der Türkei, diesem Lande des Überflusses, nur aus dem Grunde verschlagen worden bin, um euch nach göttlichem Ratschluß Rettung zu bringen. Durch die Türkei führt der gangbarste Weg nach Jerusalem, der täglich von Scharen muselmanischer und jüdischer Kaufleute benutzt wird. Seid also nicht träge und säumet nicht! Man atmet hier viel leichter als in Deutschland und in den Nachbarländern... Macht euch auf den Weg und erbet das euch von Gott verheißene Land, denn es naht der Tag, da Israel erblühen wird und da sich versammeln werden, die in deutschen Landen schmachteten und die nach dem Franzosenland verschlagen sind, um auf dem heiligen Berge zu Jerusalem vor Gott niederzuknien.

Aufruf des jüdischen Oberhauptes der Gemeinde von Adrianopel um 1480

● Seit frühen Zeiten zogen auch Christen ins „Heilige Land". Was unterscheidet die Alija (= *Das Hinaufziehen*) der Juden von der christlichen Pilgerfahrt?
● Was kannst du der Zeittafel (auf Seite 41) zur Frage der Behandlung der Juden durch die beiden Tochterreligionen Christentum und Islam entnehmen?

Die Situation der Juden im 19. Jahrhundert

Die Lage in Osteuropa: Leben im ‚Siedlungsbereich'

Im 19. Jahrhundert lebten etwa 5 Millionen Juden unter der Herrschaft der russischen Zaren. Sie waren die Nachkommen jener Juden, die zur Zeit der Kreuzzüge von Deutschland nach Polen geflohen waren, und waren nur deshalb unter die Herrschaft der Zaren geraten, weil Polen in drei Teilungen (1772, 1793, 1795) seine Ostgebiete an Rußland verloren hatte.

Die Herrschaft der Zaren war absolutistisch und repressiv. Das Elend der russischen Arbeiter und Bauern, die auch nach der Aufhebung der Leibeigenschaft (1861) die Ausgebeuteten blieben, wurde nur noch von dem Elend der Juden übertroffen, die Willkürakten eigener Art ausgesetzt waren. Sie mußten sich durch gesetzliche Verfügung auf einen eigens geschaffenen Sperrbezirk beschränken: den sogenannten ‚Siedlungsbereich'. Dieser Bereich, der willkürlich eingeschränkt oder erweitert wurde, erstreckte sich über das Gebiet des heutigen Ostpolen und der westlichen Sowjetrepubliken.

1887 stellte eine Untersuchungskommission der Regierung fest, daß 90% der Juden ein Proletariat von solcher Armut und solchem Elend bildeten, wie man es anderswo in Rußland unmöglich finden könne.

Die eigentümliche Welt, in der sie lebten, schildert der Schriftsteller Amos Elon:

„(Sie lebten als) ein Volk unter Völkern, das sich hartnäckig an seine eigenen Traditionen klammerte, an seine Liturgie, Kost, ja sogar Tracht ... Sie sprachen ihre eigene Sprache, jiddisch, einen mittelhochdeutschen Dialekt, der von ihren Ahnen im dreizehnten Jahrhundert importiert ... worden war.

Der Stützpunkt dieser ‚Inselkultur' war das *Städtl*, die kleine jüdische Stadt ... (Es gab) Tausende solcher *Städtl*, kleine, isolierte, halb ländliche, halb städtische Gemeinden kleiner Geschäftsleute, Händler, Handwerker, Gastwirte und Schnapsbrenner und sogenannter ‚Luftmenschen', jener, die ‚von der Luft lebten', Bettler, Müßiggänger ... und Träumer ... Sie lebten ‚im heiligen Land', entweder in der fernen Vergangenheit oder in der messianischen Zukunft. Ihre Feste waren an das Klima Palästinas und den alten hebräischen Kalender gebunden. Selbst in Rußland oder Polen waren sie mit ihrem Herzen die Bewohner eines imaginären Jerusalem."

Amos Elon

Eingang zum Tuchbasar in Lodz (Polen) 1935

Die jiddische Sprache

Jiddisch wird auch heute noch an verschiedenen Orten auf der Welt gesprochen. Jiddisches Kulturgut wird gepflegt. Es gibt Fachleute, die der Sprache trotz der Vernichtung des Ostjudentums unter der Hitler-Diktatur und trotz der Neubelebung des Hebräischen als Landessprache Israels eine Zukunft nicht absprechen. Das folgende Beispiel entstammt dem großen Schatz jiddischer Lieder.

Arbetlose-marsh
(Text: Mordechaj Gebirtig)

איינס, צוויי, דריי, פיר,
ארבעטלאזע זיינען מיר,
נישט געהערט חדשים לאנג
אין פאבריק דעם האמער קלאנג,
ס' ליגן קיילים קאלט פארגעסן,
ס' נעמט דער זשאווער זיי שוין פרעסן,
גייען ארום אין גאס,
ווי גבירים פוסט און פאס.

Links oben: Dies ist die korrekte jiddische Schreibweise der 1. Strophe des „Arbetlose-marsh". Die Buchstaben sind hebräisch, und die Richtung der Schrift verläuft von rechts nach links.
Mitte: Die hier verwandte lateinische Schrift für denselben Text ist lediglich ein Hilfsmittel. Einen ungleich besseren Zugang gewinnt man über das Hören. (Es gibt gute Schallplatten mit Sammlungen jiddischer Lieder.)
Unten: Die deutsche Übersetzung bringt die Verwandtschaft beider Sprachen zu Bewußtsein. Nichtdeutsche Wörter sind hebräischer oder slawischer Herkunft. Ein Beispiel findest du in der 3. Zeile: ‚Chodesch' ist das hebräische Wort für ‚Monat'.

Ejns, tswej, draj, fir,
arbetlose senen mir,
nischt gehert chadoschim lang
in fabrik dem hamer-klang,
's lign kejlim kalt, fargesn,
's nemt der sschawer sej schojn fresn,
gejen mir arum in gas,
wi di gewirim pust-un-pas.

Eins, zwei, drei, vier,
arbeitslos sind wir,
Monate lang nicht gehört
den Hammerklang in der Fabrik,
Werkzeuge liegen, unberührt, vergessen,
der Rost wird sie wohl fressen.
Wir gehen auf die Straße –
ohne Beschäftigung – wie die vornehmen Leute.

● *Viele ursprünglich hebräische Wörter sind über das Jiddische auch in die deutsche Umgangssprache gelangt. Was kannst du über Bedeutung und Herkunft folgender Wörter herausfinden?*
Mischpoke, meschugge, schofel, Schlamassel, Chuzpe, Schmiere stehen, Pleite.

Zwangsrekrutierung von Kindern

Wer während der Regierungszeit von Zar Nikolaus I (1825–1855) zum Militärdienst rekrutiert wurde, mußte fünfundzwanzig Jahre dienen. 6% der Rekruten waren Juden, wiewohl ihr Anteil an der Bevölkerung nur 4% betrug. Der eigentliche Wehrdienst begann mit 18 Jahren, aber häufig wurden jüdische Kinder im Alter von acht bis vierzehn Jahren den Armen machtloser Eltern entrissen und zu einer ‚vormilitärischen Ausbildung' zwangsrekrutiert. Welche Absicht sich hinter solchen Maßnahmen verbarg, verrät der folgende Ausschnitt aus der Kurzgeschichte *Zwei Märtyrer* von An-ski.

„A**lsbald** kam der General, ein älterer Mann mit vielen Orden auf der Brust. Er wandte sich ihnen zu – mit der Anrede ‚Kinder!' – und sagte: ‚Bis jetzt hat jeder von euch einen Vater und eine Mutter gehabt. Von heute an müßt ihr sie für immer vergessen, weil ihr jetzt einen neuen Vater habt: unser Vaterchen, Zar Nikolaj Pawlowitsch.'

Und er ließ die Kinder ‚Hurra!' rufen.

Unter den Kindern befand sich ein Zwölfjähriger namens Abrahamel. Der verstand Russisch und übersetzte ihnen die Worte des Generals (ins Jiddische). Und die Kinder schrien ‚Hurra!' für ihren neuen ‚Vater'.

Weiter erzählte ihnen der General, daß ihr ‚Vater' gut und mild zu denen sei, die ihm folgten, aber unbarmherzig gegen jene, die seinem Gebot nicht gehorchten. Dazu müßten sie wissen, daß ihnen ihr ‚Vater' befehle, sich von ihrem falschen jüdischen Glauben loszusagen und den lichten Glauben an Jesus Christus anzunehmen.

Darauf ließ er sie wieder ‚Hurra!' rufen.

Mit stockender Stimme hatte diesmal Abrahamel die Worte des Generals übersetzt. Das kindliche ‚Hurra' klang jetzt weinerlich und dumpf.

Da zeigte sich auf einmal ein Pope mit einem großen silbernen Kreuz in der Hand. Der fing schon von weitem an, über den Kindern die Segensgebärde zu machen, und dann reichte er jedem das Kreuz zum Kuß hin. Doch nicht ein einziges Kind berührte das Kreuz mit den Lippen. Voll Entsetzen wichen sie zurück. Ein furchtbares Weinen brach aus. Etliche fielen zur Erde nieder, andere riefen: ‚Sch'ma Jissrael!'

Der General bekam vor Zorn blutunterlaufene Augen. Er trat mit den Füßen nach den Kindern und nach den Feldwebeln und schrie: ‚Judenschweine! Ich werde euch auspeitschen lassen!' Und er befahl, sie in die Kaserne abzuführen.

Die Feldwebel schlugen und peitschten die Kinder. Als aber die Schlafenszeit kam und die Kinder allein gelassen waren, krochen sie zusammen und leisteten einander den strengen Schwur, sich nicht taufen zu lassen.*

---

* Im weiteren Verlauf der Erzählung vermindert sich die Zahl der Kinder drastisch. Sie sterben an Schlägen und Entkräftung. Sie nehmen sich das Leben. Sie lassen sich taufen. Lediglich acht von 200 überleben den 25 Jahre dauernden Militärdienst als Juden.

* * *

Ein bemerkenswerter Fall von Kindesraub ereignete sich damals auch im Machtbereich der Katholischen Kirche. 1858 wurde der siebenjährige Edgar Mortara, Sohn eines jüdischen Kaufmannes in Bologna, in ein Dominikanerkloster entführt. Sein katholisches Kindermädchen hatte ihrem Beichtvater gestanden, daß Edgar als Kleinkind im Verlauf einer Krankheit durch sie die Nottaufe empfangen hatte und somit katholisch sei.

Die Gesuche der verzweifelten Eltern bei allen Instanzen der Kirche blieben erfolglos. Der Vatikan ließ verlauten, daß es nur einen Weg für sie gebe, sich mit ihrem Kind wieder zu vereinen: ihm in den Schoß der Kirche zu folgen. Die Mutter starb vor Gram. Spätere Bemühungen des Vaters bei veränderten Machtverhältnissen kamen zu spät. Edgar wollte Priester werden.

● *Die Juden Osteuropas waren für zionistische Ideen aus verschiedenen Gründen besonders empfänglich. Nenne einige Gründe.*

Pogrome und Massenauswanderung

Zwischen 1871 und 1906 fegte eine Welle von Pogromen über das zaristische Rußland. Es war so schlimm wie zur Zeit der Kreuzzüge. Die Regierung ignorierte die Pogrome oder zettelte sie selber an, um den Druck aufgestauter Unzufriedenheit im russischen Volk durch dieses Ventil entweichen zu lassen. In dieser Zeit großer Not kam es zur Massenauswanderung. Das Ziel war allerdings umstritten. Heftige literarische Kämpfe wurden zwischen den „Freunden Zions" *(Chovevé Zion)* und jenen ausgefochten, die den Weg über Westeuropa nach Amerika wählten.

● *Warum müssen Minderheiten häufig als Sündenböcke herhalten? Unter welchen Umständen sind sie besonders bedroht? Was läßt sich dagegen tun?*
● *Das folgende Beispiel schwarzen Humors enthält eine doppelte Tragik. Worin besteht sie?*

„In einem kleinen Städtchen geht das Gerücht um, man habe irgendwo ein ermordetes Kind gefunden. Die entsetzten Juden beginnen, ihre Flucht vorzubereiten. Da kommt der Synagogendiener und schreit aufgeregt vor Freude: ‚Juden! Gute Nachricht! Das ermordete Kind ist eine Jüdin!'"

zitiert in: G. Hommel, Der siebenarmige Leuchter

● *Welche politischen, wirtschaftlichen und religiösen Gesichtspunkte haben bei der Wahl zwischen Amerika und Palästina eine Rolle gespielt? Stelle die Vor- und Nachteile der beiden Ziele aus damaliger Sicht zusammen. (Der folgende Text von Amos Elon vermittelt Eindrücke von den damaligen Verhältnissen in Palästina.)*
Die Auseinandersetzung mit dieser Thematik läßt sich auch in Form eines Rollenspiels durchführen, wenn du dir vorstellst, daß du zur Auswanderung entschlossen bist und dein Vorhaben mit Freunden durchsprichst, die anderer Meinung sind.

„Viele der Ankömmlinge erschraken über die orientalische Verwirrung, den Lärm und den Unrat von Jaffa, seine verschmutzten Basare, die völlig korrupte türkische Verwaltung, die Schwärme von augenkranken Kindern, von Geldwechslern, Händlern, Bettlern, Fliegen und Aussätzigen, die wildaussehenden Träger und Dragomans *(arabische Dolmetscher)*, die mit den Pilgern und Touristen um den Preis für einen Ritt auf einem Esel hinauf nach Jerusalem feilschten. ‚Der Gestank machte mich krank', bemerkte ein Kolonist, der 1882 eintraf...

Östlich und nordöstlich von Jaffa... breitete sich die sumpfige Küstenebene aus, die von Jahrhunderte währenden Kriegen, Fieber, Piraterie und Vernachlässigung gezeichnet war. Dies war das alte Land der Philister. Seine Flüsse und unterirdischen Wasserwege waren verstopft und ließen Sümpfe entstehen, die malariaverseucht waren; der Boden war fruchtbar genug, blieb aber häufig dem Unkraut überlassen. Die alten Städte, die im Altertum über eine Million Einwohner gezählt hatten, lagen in Trümmern und unter Wanderdünen begraben."

Amos Elon

Die Neueinwanderer in Amerika faßten zunächst in gettoähnlichen Bezirken der Großstädte unter Landsleuten Fuß, ehe sie sich in die weitere amerikanische Gesellschaft integrierten. Um die Jahrhundertwende war Hester Street in New York so eine Anlaufstelle. (Szenenfoto aus dem Film ‚Hester Street')

„ „Herr Doktor, was haben Sie eigentlich gegen den Zionismus?"
„Prinzipiell gar nichts. Nur ein paar einzelne Einwände: Erstens, warum habt ihr euch ausgerechnet Palästina ausgewählt? Im Norden Sumpf, im Süden Wüste. Habt ihr nicht ein besseres Land finden können?
Zweitens, warum wollt ihr unbedingt eine tote Sprache wie Hebräisch dort sprechen?
Und drittens verstehe ich nicht, weshalb ihr euch ausgerechnet die Juden ausgesucht habt. Es gibt sympathischere Nationen."

„ „Zionismus", meinte seinerzeit ein jüdischer Berliner Rechtsanwalt, „ist eine schöne Sache. Was mich persönlich betrifft, so möchte ich, sobald der jüdische Staat besteht, Konsul in Berlin werden."

* * *

Jüdische Auswanderung aus Osteuropa von 1880 bis 1929:

in die USA	2 885 000
nach England	210 000
nach Deutschland	100 000
nach Frankreich	100 000
nach Palästina	120 000

Die Lage in Westeuropa: Emanzipation und Assimilation

Seit der französischen Revolution von 1789 war in Westeuropa ein politischer Befreiungsprozeß in Gang gekommen, der auch den Juden schrittweise die staatsbürgerliche Gleichstellung (Emanzipation) brachte. Sie integrierten sich zunehmend in die Völker und Nationen, unter denen sie lebten, und zogen zuletzt auch in die Parlamente und Universitäten der westeuropäischen Staaten ein. Als Emanzipierte und Assimilierte, die die jeweilige Landessprache sprachen und sich an das äußere Erscheinungsbild ihrer Mitbürger angeglichen hatten, verloren sie weitgehend das Bewußtsein einer Zugehörigkeit zum jüdischen Volk und verstanden ihr Judentum nur noch als Religion oder Konfession. Sie waren Deutsche, Franzosen oder Engländer jüdischen Glaubens und leisteten als solche wertvolle Beiträge zum wirtschaftlichen und kulturellen Leben ihrer Heimatländer.

● *Die folgenden Auszüge sind klassischen Schriften des Zionismus entnommen. Vergleiche die Texte im Blick auf die Einschät-*

zung der Emanzipation; im Blick auf das jüdische Selbstverständnis; und in ihrer Beurteilung der Assimilationsbemühungen.
● *Findest du in Ton und Inhalt Anhaltspunkte, die Herzls Text als westlichen und Pinskers Text als östlichen Kommentar zur Situation der Juden ausweisen?*

„**Die** Judenfrage besteht. Es wäre töricht, sie zu leugnen. Sie ist ein verschlepptes Stück Mittelalter, mit dem die Kulturvölker auch heute beim besten Willen noch nicht fertig werden konnten. Den großmütigen Willen zeigten sie ja, als sie uns emanzipierten . . .

Wir haben überall ehrlich versucht, in der uns umgebenden Volksgemeinschaft unterzugehen und nur den Glauben unserer Väter zu bewahren. Man läßt es nicht zu. Vergebens sind wir treue und an manchen Orten sogar überschwängliche Patrioten, vergebens bringen wir dieselben Opfer an Gut und Blut wie unsere Mitbürger, vergebens bemühen wir uns, den Ruhm unserer Vaterländer in Künsten und Wissenschaften, ihren Reichtum durch Handel und Verkehr zu erhöhen. In unseren Vaterländern, in denen wir ja auch schon seit Jahrhunderten wohnen, werden wir als Fremdlinge ausgeschrieen; oft von solchen, deren Geschlechter noch nicht im Lande waren, als unsere Väter da schon seufzten. Wer der Fremde im Lande ist, das kann die Mehrheit entscheiden; es ist eine Machtfrage, wie alles im Völkerverkehre."

Theodor Herzl, Der Judenstaat, 1896

„**Wenn wir** mißhandelt, beraubt, geplündert, geschändet werden, dann wagen wir es nicht, uns zu verteidigen und, was noch schlimmer ist, fast finden wir es so in der Ordnung. Schlägt man uns ins Gesicht, so kühlen wir die brennende Wange mit kaltem Wasser, und hat man uns eine blutige Wunde beigebracht, legen wir einen Verband an. Werden wir hinausgeworfen aus dem Hause, das wir uns selbst gebaut, so . . . ziehen wir weiter und suchen – ein anderes Exil. Hören wir auf dem Wege einen müßigen Zuschauer uns zurufen: ‚Arme Teufel von Juden, ihr seid doch recht zu bedauern', so sind wir aufs tiefste gerührt . . . So weit sind wir gesunken, daß wir fast übermütig werden vor Freude, wenn, wie in Westeuropa, ein geringer Bruchteil unseres Volkes mit den Nichtjuden gleichgestellt wurde. Wer gestellt werden muß, steht bekanntlich schwach auf den Füßen. Wird keine Notiz genommen von unserer Abstammung, und werden wir wie die anderen Landeskinder angesehen, so sind wir dankbar – bis zur absoluten Selbstverleugnung. Für die uns gegönnte behagliche Stellung . . . reden wir uns und den anderen ein, daß wir gar keine Juden mehr sind, sondern Vollblutsöhne des Vaterlandes. Eitler Wahn! Ihr möget euch als noch so treue Patrioten bewähren, ihr werdet dennoch bei jeder Gelegenheit an eure semitische Abstammung erinnert werden . . .

Welche verächtliche Rolle für ein Volk, das einst seine Makkabäer hatte!"

Leo Pinsker, Autoemanzipation, 1882

Nicht aus einer Bindung ans Judentum, das beide wenig kannten, noch gar aus religiöser Zionssehnsucht verfochten Pinsker und Herzl die Idee einer nationalen Wiedergeburt in einem eigenen Staat. Sie waren vielmehr beide – der eine als Arzt in Odessa, der andere als Journalist in Wien – Anhänger und Förderer der kulturellen Assimilation gewesen, ehe Zeitereignisse sie zu Zionisten machten. Für Pinsker waren dies die Pogrome von

1881; für Herzl war es der Dreyfusprozeß, in dessen Verlauf er als Pariser Korrespondent seiner Zeitung eine verhaltenere Judenfeindschaft westeuropäischer Prägung kennenlernte.

Antizionistische Stimmen

Herzls Plan wurde von den russischen Zionsfreunden mit stürmischer Begeisterung begrüßt; zugleich stieß er im Westen auf entschiedene Gegnerschaft. Die Argumente, die in der Folgezeit vorgebracht wurden, waren vielfältig.
- *Bestimme den Standort der folgenden antizionistischen Positionen.*

„**Geburt,** Erziehung, Sprache und Gefühl haben uns zu Deutschen gemacht, und keine Zeitströmung kann uns unserm teuren Vaterland entfremden."
Erklärung des 1893 gegründeten ‚Centralvereins deutscher Staatsbürger jüdischen Glaubens'

„**Natürlich** war der von den Zionisten propagierte Neuanfang in Palästina für uns sehr verlockend. Der Pioniergeist entsprach der Idee der Jugendbewegung. Aber gleichzeitig schien die Koppelung von Religion und Nationalismus im ‚Heiligen Land' absurd. Wir waren viel zu sehr mit den Problemen in Deutschland, in der Sowjetunion, in Europa beschäftigt, als daß wir auf den Gedanken kommen konnten, in irgendeiner Ecke einen neuen Nationalstaat zu gründen. Die Schwierigkeiten mit den Arabern kündigten sich bereits an, und überhaupt wollten wir ja gerade dafür arbeiten, den Nationalismus einzudämmen. Wie konnten wir unter solchen Umständen eine neue Nation gründen? ... Die als Juden beschimpften Rosa Luxemburg, Karl Liebknecht, und Trotzki waren Freiheitskämpfer, die eine Welt schaffen wollten, in der die Frage der Abstammung belanglos werden sollte."
Max Fürst

„**Ich hatte** eines Tages innerhalb einer kleinen Gruppe eine Diskussion mit einem der größten jüdischen Denker der modernen Zeit, Hermann Cohen, der nicht nur ein großer Philosoph, sondern auch ein leidenschaftlicher Jude war; obschon er nicht im üblichen Sinne jüdischer Religion orthodox war, glaubte er an die spirituelle und moralische Mission des jüdischen Volkes, wie sie von den Propheten formuliert worden ist. Er was Antizionist, nicht aus Angst, der doppelten Loyalität angeklagt zu werden, wie viele andere oder aus deutschem Patriotismus, sondern auf Grund seines Glaubens an die Mission des jüdischen Volkes. Nach seiner Ansicht verlangte diese, daß das jüdische Volk zerstreut bleibt in der Welt und daß es so eine viel größere und heiligere Aufgabe erfüllt als die, einen Staat und eine Gesellschaft für sich selbst zu schaffen. Als ich im Laufe der Diskussion erklärte, wie tragisch das Leben der Diaspora war und welche unaufhörlichen Leiden sie zur Folge hatte, erklärte Cohen sehr erregt: ‚Das Unglück mit euch Zionisten ist, daß ihr glücklich sein wollt'."
Nahum Goldmann

Schritte auf dem Weg zur Staatsgründung

Bemühungen um einen Schutzvertrag

In Theodor Herzls Augen stellte der letzte Punkt des „Baseler Programms" den Kern des Ganzen dar. Die rastlose diplomatische Tätigkeit der Jahre bis zu seinem Tod war eine Kette „vorbereitender Schritte zur Erlangung von Regierungszustimmungen". In immer neuen Anläufen bemühte er sich bei den Großmächten um einen Schutzvertrag (englisch: *Charter*) für ein Siedlungsgebiet in Palästina, das damals zum osmanischen Herrschaftsbereich gehörte. Wiewohl er in Berlin, Konstantinopel, Petersburg, London, Rom und im Vatikan empfangen und angehört wurde, blieb ihm ein greifbarer Erfolg versagt.

Der Sultan des schwer verschuldeten osmanischen Reiches, dem Herzl finanzielle Hilfe anbot, wollte von einer konzentrierten Masseneinwanderung nichts wissen. Verhandlungen mit London über eine Zwischenlösung scheiterten ebenfalls. Unter dem Druck des in England eintreffenden Flüchtlingszustroms aus Rußland hatte das britische Kolonialamt, das noch über große Teile der Erde wie selbstverständlich verfügte, ein Territorium seiner eigenen Machtsphäre ins Gespräch gebracht: Uganda im damaligen Britisch-Ostafrika. Aber Herzls Bereitschaft, dieses Projekt im Augenblick großer Not als Zwischenlösung zu akzeptieren, rief den leidenschaftlichen Protest der russischen Zionisten hervor, für die kein anderes Ziel als Palästina in Frage kam.

Herzl starb mit 44 Jahren, ohne von einer einzigen Regierung die ersehnte Zustimmung erlangt zu haben – was ihm versagt geblieben war, erhielt die zionistische Bewegung dreizehn Jahre später in Gestalt der „Balfour-Deklaration" (siehe unten). Wohl aber war es Herzl gelungen, träumerische Anfänge in eine politische Bewegung verwandelt und der jüdischen Selbstachtung ungeheuren Auftrieb gegeben zu haben.

Wachsende Ansiedlung in Palästina

Die Kolonisierung Palästinas, die man später als ‚praktischen Zionismus' bezeichnet hat, wurde entscheidend von osteuropäischen Pionieren vorangetrieben, die trotz des osmanischen Einwanderungsverbotes in das Land gelangten. Die Siedler der 2. und 3. *Alija* (1904–1914 und 1919–1923) brachten aus Rußland die revolutionären Ideale von Gleichheit und Brüderlichkeit mit ins Land, gründeten die ersten Kibbuzim und fühlten sich den früheren jüdischen Siedlern überlegen.

● *Vergleiche die folgenden beiden Texte im Hinblick auf Lebensstil und Selbstverständnis der jüdischen Siedler sowie im Hinblick auf ihr Verhältnis zu den Arabern.*

„„Im Jahre 1902 gab es bereits einundzwanzig Kolonien mit einer Gesamtbevölkerung von fast 5 000 Menschen. Bis auf wenige wurden alle... von (Baron Edmund de) Rothschild unterstützt. Einige zeigten bereits Anzeichen von Wohlstand, besaßen schöne, von Bäumen beschattete Häuser, Schulen, Kindergärten, Synagogen...

Ein Reisender hätte wahrscheinlich keine großen Unterschiede zu englischen, französischen oder holländischen Kolonien in Kenia, Algerien oder Ostindien feststellen können. Ihre Wirtschaft basierte hauptsächlich auf billigen einheimischen Arbeitskräften. Letztere kamen aus den benachbarten arabischen Dörfern, aber auch aus ferneren Orten in Syrien, Ägypten oder Transjordanien. 1889, kaum sieben Jahre nach der Besiedlung, hatte die Kolonie von Zichron Jaakov auf dem Berg Karmel 1 200 arabische Arbeitskräfte, die einer Bevölkerung von 200 jüdischen Siedlern dienten...

‚Immer mehr begannen sie Geschäftsunternehmern zu ähneln', klagte ein Kritiker. ‚Einige spielten sogar daheim Karten, während ihre arabischen Arbeiter die Arbeit leisteten.'"

Amos Elon

Der *jüdische Nationalfonds* wurde 1901 geschaffen. Mit den Beiträgen von Millionen jüdischer – meist kleinbürgerlicher – Familien in aller Welt finanzierte er den Ankauf von Land, das als unveräußerliches Eigentum der Nation jüdischen Siedlern in Erbpacht gegeben wurde. Bodenspekulationen und andere Nachteile privaten Bodenbesitzes wurden auf diese Weise von Anfang an vermieden. Die Zionisten zahlten oft hohe Preise an die arabischen Großgrundbesitzer, die wegen der steigenden Nachfrage hohe Summen fordern konnten und sich mehr für ihre Gewinne als für das Schicksal ihrer ehemaligen Pächter interessierten, die nach dem Besitzerwechsel die bisherige Quelle ihres bescheidenen Lebensunterhaltes verloren.

Jüdischer Anteil am Boden Palästinas:
1919: 2,5 %
1923: 3,0 %
1926: 4,0 %
1935: 5,0 %
1939: 5,6 %

„„Wir hatten wahnsinnig viel über Theorien geredet... Wir suchten eine praktische Lösung unserer Fragen, und wir versuchten herauszufinden, was das Land eigentlich von uns verlangte. Denn was war während der Zeit unseres Exils geschehen? Das Land war unfruchtbar geworden, und es schien uns, als ob auch wir selbst, als ob unser Geist durch die Trennung von dem Land unfruchtbar geworden wäre. Jetzt mußten wir dieser Erde unsere ganze Kraft widmen, dann würde sie uns ein Gegengeschenk machen: Wir würden wieder schöpferisch werden...

Wir wollten selbst arbeiten und wollten so unabhängig wie irgend möglich sein...

(Im Exil hatten wir) unsere Köpfe gebrauchen müssen zum Kaufen, zum Nehmen, nun wollten wir unsere Hände gebrauchen zum Geben. Das Geld wollten wir in unseren Gemeinschaften völlig abschaffen. Weder Dienstherren noch Lohnarbeiter sollte es bei uns geben; freiwillig und ganz wollten wir uns dem Land und dem Nächsten widmen...

(Die arabischen Dorfbewohner) arbeiteten für einen persischen Großgrundbesitzer, der im Iran lebte und einen Teil seines Landbesitzes dem Jüdischen Nationalfonds verkauft hatte. Sie beackerten das Land auf primitivste Weise und bekamen ein bißchen Geld dafür, sowie einen Anteil ihrer Ernte. Diejenigen, die auf dem von den Juden gekauften Land gesessen hatten, waren entschädigt worden und weggezogen. Mit den Zurückgebliebenen kamen wir gut aus. Zuerst dachten sie, wir würden Arbeiter einstellen. Sie konnten nicht glauben, daß wir selber arbeiteten. Aber als sie uns pflügen und säen ... sahen, da bekamen sie Achtung vor uns."

Josef Baratz, Gründungsmitglied des ersten Kibbuz „Degania" (1910)

In späteren Analysen des arabisch-israelischen Konflikts wird auf die tragische Ironie aufmerksam gemacht, die darin bestand, daß ausgerechnet die Idealisten der 2. und 3. Alija, die jede Form der Ausbeutung verachteten, durch ihre Arbeitsverherrlichung und ihr Bestehen auf der eigenen, der jüdischen Arbeit einer getrennten wirtschaftlichen Entwicklung Vorschub leisteten, die zu zunehmender Entfremdung zwischen den beiden Bevölkerungsgruppen führen mußte. Das Nebeneinander zweier Völker auf dem gleichen Territorium, sagte Martin Buber 1929, müsse unausweichlich zum Gegeneinander ausarten, wenn die Chance für ein Miteinander verpaßt sei.

Zionismus und arabischer Nationalismus

Palästina war nicht das „Land ohne Volk für das Volk ohne Land", als das es in den zionistischen Träumen existierte. Zwar war es 1895 mit 500 000 Einwohnern recht dünn besiedelt, aber seine Bewohner waren zu 90,6% Araber. Auch sie hatten historische und religiöse Beziehungen zu dem Land, in das die Zionisten heimkehren wollten.

1905 veröffentlichte der christliche Araber Neguib Azoury ein Buch (*Le Réveil de la Nation Arabe*, i. d. S.: „Das Erwachen der arabischen Nation"), in dem er die Konfrontation der arabischen und jüdischen Nationalbewegungen voraussah und es als ihr Schicksal bezeichnete, so lange gegeneinander kämpfen zu müssen, bis die eine oder andere Seite sich durchsetze. Das frühe Datum dieser Veröffentlichung legt die Vermutung nahe, daß auf arabischer Seite die kommende Entwicklung klarer vorausgesehen wurde als auf der jüdischen.

Die Araber erlebten das Erscheinen der Zionisten in Palästina nicht als die manchmal beschworene Heimkehr ihrer semitischen Vettern, sondern als europäische Kolonisation. Der nationale Gegensatz wurde durch den Zusammenprall zweier Kulturen verschärft; dabei fehlte es nicht an Manifestationen des spezifisch westlichen Überlegenheitsgefühls, das die Juden aus Europa mitbrachten.

● *Welche Gründe für die Fehleinschätzung der Lage durch die Zionisten lassen sich dem folgenden Bericht entnehmen?*

„Die seinerzeit in der zionistischen Bewegung allgemein verbreitete Meinung ging davon aus, daß wir den Arabern des Landes Nutzen brächten und daß demnach für sie kein Anlaß bestünde, unsere Gegner zu sein. Im ersten Gespräch, das ich mit Mussa Alami führte, wurde diese Annahme erschüttert. Mussa Alami sagte: ,Ich ziehe vor, daß das Land sogar noch hundert Jahre arm und wüst bleibt, bis wir Araber aus eigener Kraft imstande sein werden, es zur Blüte zu bringen und zu entwickeln.' Ich fühlte, daß er als arabischer Patriot das Recht zu dieser Äußerung hatte."

David Ben-Gurion, Wir und die Nachbarn

Die binationale Idee

Die Mehrheit der Zionisten war zu intensiv mit der eigenen Befreiungsbewegung beschäftigt, als daß sie die Frage einer friedlichen Verständigung mit den Arabern für vordringlich gehalten hätte. Auffassungen, die auf ein Miteinander beider Völker im Sinne Martin Bubers abzielten, wurden nur von einer kleinen Minderheit vertreten.

So gab es Stimmen, die an die Stelle von Verhandlungen mit imperialistischen Großmächten ein Bündnis mit den Arabern als den wahren Eigentümern des Landes setzen wollten; die den vorrangigen Ankauf unbebauten Landes befürworteten; die den gemeinsamen Klassenkampf gegen arabische Großgrundbesitzer für wichtiger hielten als nationale Gesichtspunkte; die für eine Einheitsgewerkschaft an Stelle der ausschließlich jüdischen *Histadrut* eintraten; schließlich solche, die – wie die Mitglieder des 1925 ins Leben gerufenen *Brit Schalom* (Friedensbund) – die Idee eines binationalen Staates verfochten.

Aber solche Gedanken waren unpopulär. Einerseits hielt man sie angesichts zunehmender arabischer Feindseligkeiten für unrealistisch, und andererseits trugen die nationalsozialistischen Verbrechen unvorstellbaren Ausmaßes dazu bei, daß der Zionismus immer verzweifeltere und eigensüchtigere Züge annahm, als er sich anschickte, mit allen Mitteln die Gründung eines jüdischen Staates mit jüdischer Mehrheit durchzusetzen.

Bevölkerungsentwicklung in Palästina:

Jahr	arabische Bevölkerung		jüdische Bevölkerung	
1895	453 000	90,6%	47 000	9,4%
1919	642 000	91,7%	58 000	8,3%
1922	660 641	88,7%	83 790	11,3%
1931	841 056	82,8%	175 138	17,2%
1933	895 297	79,2%	234 967	20,8%
1934	916 786	76,4%	282 975	23,6%
1935	942 924	72,6%	355 157	27,4%
1940	1 068 333	69,7%	463 535	30,3%
1947	1 203 585	67,1%	589 341	32,9%

● *Welchen Einfluß hatten der Aufstieg und die Machtzunahme der Nationalsozialisten in Deutschland ab 1930 auf die Bevölkerungsentwicklung in Palästina?*
● *Warum war deiner Meinung nach ein Minderheitsstatus in einem zukünftigen Staat für beide Seiten unakzeptabel?*

Kibbuzniks bei der Feldarbeit (1936). Wegen zunehmender arabischer Überfälle sind sie bewaffnet.

Palästina unter britischem Mandat

Nach dem 1. Weltkrieg machten die siegreichen Alliierten (England und Frankreich) der 400 Jahre alten türkischen Herrschaft ein Ende, indem sie den Vorderen Orient unter sich aufteilten. Im Zuge der allmählichen Entkolonialisierung entstanden in der Folgezeit lauter neue selbstbewußte arabische Staaten: Saudi-Arabien, Syrien, der Libanon, Transjordanien (*später:* Jordanien), der Irak.

Für die britische Mandatsmacht in Palästina gestaltete sich die Lage besonders kompliziert, weil hier mit der zunehmenden Verwirklichung des Zionismus Angehörige *zweier* Völker das Mandatsgebiet für sich beanspruchten.

Die Briten, die in hoffnungslosen Vermittlungsversuchen bald der einen, bald der anderen Seite Versprechungen und Zugeständnisse machten und dabei immer auch von Eigeninteressen und realpolitischen Erwägungen geleitet wurden, konnten eine Zuspitzung der Lage nicht verhindern und gaben ihr Mandat zuletzt resignierend an die UNO zurück.

● *Prüfe die nachstehenden Schritte britischer Politik daraufhin, ob sie den Zionisten oder den Arabern Vorteile brachten.*

Am 2.11.1917 erklärt die britische Regierung in der berühmten *Balfour-Deklaration,* daß sie die „Schaffung einer nationalen Heimstätte in Palästina für das jüdische Volk" mit Wohlwollen betrachte und daß sie die größten Anstrengungen machen werde, um die Erreichung dieses Zieles zu erleichtern, wobei die Rechte bestehender nichtjüdischer Gemeinschaften nicht beeinträchtigt werden dürften.

*

1920 benennt der britische Hochkommissar den wegen seines religiösen Fanatismus und extremen Nationalismus bekannten Amin El Husseini zum Mufti von Jerusalem.

*

Die Agitation des Mufti, der die heiligen Stätten des Islam für bedroht erklärt, führt 1929 zu arabischen Ausschreitungen gegen die Juden. Die Mandatsmacht reagiert mit dem *Passfield-Weißbuch,* das eine Drosselung jüdischer Einwanderung und strenge Kontrolle zionistischer Siedlungspolitik vorsieht.

1933 kommt in Deutschland Hitler an die Macht. Sein im gleichen Jahr ausgerufener Boykott gegen jüdische Geschäfte, Ärzte und Rechtsanwälte, die 1935 folgenden Nürnberger Gesetze (Aberkennung der

Die Synagoge in der Berliner Fasanenstraße nach der Reichspogromnacht (9. 11. 1938), in der 267 Synagogen zerstört wurden.

Bürgerrechte), der Pogrom gegen die Juden vom November 1938 (die sogenannte „Reichskristallnacht") sind Stationen auf dem Weg zum Völkermord an 6 Millionen.

Für 22% aller deutschen Juden, denen die Flucht ins Ausland gelingt, wird Palästina das rettende Asyl. Man schätzt die deutsch-jüdischen Einwanderer in Palästina zwischen 1933 und 1938 auf 44 000. Hinzu kommen über 200 000 Einwanderer aus den osteuropäischen Staaten.

Als die Araber mit Unruhen und einem Generalstreik unter der Führung des Mufti reagieren, setzt die britische Regierung eine unabhängige Sachverständigenkommission ein: die *Peel-Kommission*. Diese stellt unüberwindliche Gegensätze zwischen Juden und Arabern fest und legt 1936 einen ersten Teilungsplan des Landes vor.

*

Da die Araber den Teilungsplan ablehnen, verliert die britische Regierung ihr Interesse daran.

Als erneut Unruhen entstehen, veröffentlicht sie 1939 das *MacDonald-Weißbuch,* das für die folgenden fünf Jahre eine jährliche Quote von 15 000 jüdischen Einwanderern festlegt. Nach Ablauf dieser Frist soll die Einwanderung nur mit arabischem Einverständnis möglich sein.

*

Das *MacDonald-Weißbuch* bleibt auch nach 1945 in Kraft, obwohl inzwischen die Überlebenden der Konzentrationslager befreit worden sind und der amerikanische Präsident Truman sich hinter die zionistische Forderung einer sofortigen Zulassung von 100 000 „Displaced Persons" (etwa: „entwurzelte Überlebende") nach Palästina stellt.

Von den 63 Schiffen, die zwischen 1945 und 1948 illegale Einwanderer nach Palästina zu bringen versuchen, werden viele von den Engländern abgefangen. Besonders bekannt unter ihnen ist die *Exodus* geworden, deren 4 500 Einwanderer in Haifa nicht von Bord durften und auf eine monatelange Irrfahrt nach Deutschland zurückgeschickt wurden. Die Flüchtlinge anderer aufgebrachter Schiffe werden deportiert und in große Internierungslager auf Zypern oder nach Mauritius gebracht.

(Der *Exodus*-Zwischenfall beendete jede Hoffnung auf eine britisch-jüdische Zusammenarbeit. Es kam verstärkt zu Terroranschlägen der beiden Untergrundorganisationen *Irgun* und *Sternbande*.)

* * *

Die ‚Exodus' im Hafen von Haifa. In bewußter Anknüpfung an den biblischen Auszug aus Ägypten hatte man an die Schiffswand geschrieben: Auszug aus Europa 1947.

Links: David Ben-Gurion verliest die Unabhängigkeitserklärung.
Unten: Jubel in den Straßen Jerusalems am 30. 11. 1947

Die UN-Vollversammlung beschloß am 29.11.1947 die Teilung Palästinas mit einer Zweidrittel-Mehrheit. Während die Araber der UNO das Recht absprachen, einen solchen Teilungsbeschluß zu fassen, sagte der sowjetische Delegierte damals: „Die Leiden der Juden in Europa erklären, warum die Juden nach einem Nationalstaat streben. Es wäre ungerecht, dem jüdischen Volk diesen Wunsch zu verweigern."

Am 14. 5. 1948 unterzeichneten in Tel Aviv 35 Männer und Frauen die Proklamation des Staates Israel. Was drei von ihnen dabei empfanden, kannst du den folgenden Zitaten entnehmen:

„Ich kann meine Gefühle in zwei Worten zusammenfassen: Freude und Furcht. Ich war natürlich überglücklich, aber in großer Sorge wegen der arabischen Invasion . . ."

David Ben-Gurion

„Ich weiß noch, als ich zur Unterschrift aufgerufen wurde, wie mich ein Gefühl ehrfürchtigen Staunens ergriff, daß ich es war, die das tat . . . Ich erinnere mich, daß der inzwischen verstorbene David Pincus zu mir herüberkam und mich zu trösten versuchte, denn ich weinte fassungslos."

Golda Meir

„Ich hatte das Gefühl, daß wir die Worte aus dem Psalm lebten: ‚Als der Herr uns nach Zion zurückbrachte, waren wir wie Träumende.' Es war ein Traum, ein Traum, von dem wir nie geglaubt hatten, daß er sich zu unseren Lebzeiten erfüllen würde."

Chaim Moshe Shapira

Staatsgründung in religiöser Sicht

Der Psalm, aus dem Moshe Shapira zitierte, ist der 126. Psalm. Die alttestamentliche Wissenschaft bringt seine Entstehung mit der Rückkehr Israels aus der babylonischen Gefangenschaft in Verbindung. Es gibt verschiedene Übersetzungen. Zwei der bekanntesten sind auf der folgenden Seite einander gegenübergestellt.

Luther übersetzt:	**In der Zürcher Bibel heißt es:**
1. Wenn der Herr die Gefangenen Zions erlösen wird, so werden wir sein wie die Träumenden.	1. Als der Herr wandte Zions Geschick, da waren wir wie Träumende,
2. Dann wird unser Mund voll Lachens und unsere Zunge voll Rühmens sein. Da wird man sagen unter den Heiden: ‚Der Herr hat Großes an ihnen getan.'	2. da war unser Mund voll Lachens und unsre Zunge voll Jubels. Da sprach man unter den Heiden: ‚Der Herr hat Großes an ihnen getan!'
3. Der Herr hat Großes an uns getan; des sind wir fröhlich.	3. Ja, der Herr hat Großes an uns getan; des waren wir fröhlich.
4. Herr, bringe wieder unsre Gefangenen, wie du die Bäche wiederbringst im Mittagslande.	4. Wende, o Herr, unser Geschick, wie du im Mittagsland versiegte Bäche wiederbringst.
5. Die mit Tränen säen, werden mit Freuden ernten.	5. Die mit Tränen säen, werden mit Jubel ernten.
...	...

- *Was fällt dir bei einem Vergleich der beiden Übersetzungen auf?*
- *An der Altarwand der Zionskirche in Bethel (bei Bielefeld), in die vor allem schwerbehinderte Menschen zum Gottesdienst kommen, stehen die Worte des ersten Verses in Luthers Übersetzung. Was bedeuten sie für den christlichen Glauben? Wer sind die Gefangenen Zions? Wovon werden sie erlöst?*
- *Welche Bedeutung hat der Psalm für Moshe Shapira und gläubige Juden, die ihn bei liturgischen Feiern am Jahrestag der Gründung des Staates Israel sprechen?*

Während die Verse 1–3 in der Zürcher Übersetzung auf eine wunderbare Schicksalswende in der Vergangenheit zurückschauen, lenkt Vers 4 den Blick in die Zukunft. Aus der unvollendeten Gegenwart heraus bitten die Glaubenden in diesem Vers um Gottes Eingreifen in der Zukunft. Auch für den, der in der Heimkehr der Juden ins Land der Väter ein Zeichen der Treue Gottes zu seinem Volk erblicken kann – sei er nun Jude oder Christ –, steht die Verwirklichung der prophetischen Verheißungen in der Fülle von Jesaja 2,2–4 nach wie vor aus. Ultraorthodoxe Juden wie die Bewohner des Jerusalemer Stadtteils Mea Shearim und bestimmte chassidische Kreise in Amerika tragen diesem Sachverhalt dadurch Rechnung, daß sie sagen: „Erst der Messias wird uns nach Israel heimführen." Den allzu weltlichen israelischen Staat mit all seinen Problemen, dem ja auch bis heute noch nicht einmal ein ganz diesseitiger, irdischer Friedensschluß mit allen Nachbarn gelungen ist, lehnen sie aus endzeitlicher Hoffnung heraus leidenschaftlich ab.

- *Das Grußwort am Ausgang des Passafestes ‚nächstes Jahr in Jerusalem' wird in Israel häufig erweitert gesprochen und heißt dann: ‚nächstes Jahr im wieder aufgebauten Jerusalem'. Was könnte dieser Zusatz ausdrücken?*

Der Konflikt mit den Arabern

Teilung Palästinas als Kompromiß

Für das Problem, das dadurch entstand, daß zwei Völker ein- und dasselbe Land für sich beanspruchten, gab es vier denkbare Lösungen:
- die Vorherrschaft des Zionismus in einem binationalen Staat;
- die Vorherrschaft der arabischen Nationalbewegung in einem binationalen Staat;
- den paritätischen binationalen Staat (in dem beide Bevölkerungsgruppen unabhängig von ihrer Größe in gleichem Maße an der Regierung beteiligt würden);
- den territorialen Kompromiß, d. h. die Teilung des Landes.

Daß die Teilung Palästinas für die Zionisten annehmbar war – wenn auch erst nach langen internen Diskussionen – und für die Araber nicht, hat die geschichtlichen Ereignisse von der Staatsgründung Israels bis in die Gegenwart hinein bestimmt. Sicherlich ist die zionistische Kompromißbereitschaft auch dadurch gefördert worden, daß der Konflikt in den Augen vieler Zionisten nach einem Wort des ersten israelischen Staatspräsidenten Chaim Weizmann ein Konflikt zwischen Recht und Recht (und nicht zwischen Recht und Unrecht) war. Auf arabischer Seite hingegen gab es kaum jemanden, der sich dieser Sicht anzuschließen bereit war. Juden galten den Arabern als Angehörige einer bestimmten Religion, nicht eines Volkes; und wo es kein Volk gab, waren nationale Ansprüche fehl am Platz. Mit Europäern jüdischen Glaubens, die als Kolonisatoren in ein Land gekommen waren, in dem seit 13 Jahrhunderten eine arabische Mehrheit lebte, war man nicht bereit zu teilen. Folglich beantworteten die arabischen Nachbarstaaten die israelische Staatsgründung 1948 mit einem Krieg, der den neuen Staat zerschlagen sollte.

Israel gewann den Krieg und einen Teil jenes Territoriums hinzu, das nach dem UNO-Beschluß dem geplanten arabischen Staat vorbehalten gewesen war. Den Rest des Gebietes annektierten Jordanien (die Westbank) und Ägypten (den Gazastreifen).

Das Schicksal der palästinensischen Araber

Die arabischen Bewohner Palästinas waren die Leidtragenden dieser Entwicklung. Ihnen blieb das Recht auf Selbstbestimmung – und sei es in einem Teilstaat – versagt. Der größere Teil von ihnen (650 000) ergriff die Flucht und verlor die Heimat; der kleinere Teil (156 000), der am Wohnort blieb, lebt seither mit israelischem Paß als arabische Minorität im jüdischen Staat.

Die Gründe für die Massenflucht sind immer noch umstritten. Sie erreichte ihren Höhepunkt im Verlauf des Krieges und war eine unmittelbare Begleiterscheinung der Kampfhandlungen, aber sie begann bereits mit dem Auszug des begüterten Mittelstandes in den letzten Monaten des Mandats. Damals herrschten chaotische Zustände, der beiderseitige Terror nahm entsetzliche Formen an. Das Massaker von Deir Yassin, bei dem 254 arabische Dorfbewohner durch eine jüdische Terrorgruppe den Tod fanden, verbreitete Panik unter der arabischen Bevölkerung. Man sprach später auf arabischer Seite von gezielten Vertreibungsaktionen der Zionisten. Andererseits sind Flugblattaktionen bezeugt, mittels derer die arabische Bevölkerung zum Bleiben aufgerufen wurde, und der besondere Einsatz des jüdischen Bürgermeisters von Haifa in diesem Zusammenhang ist unbestritten.

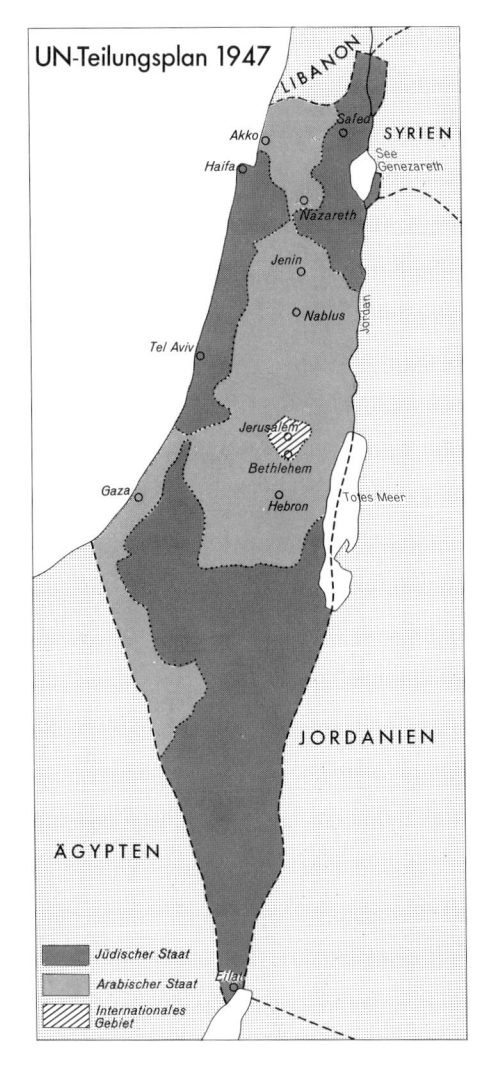

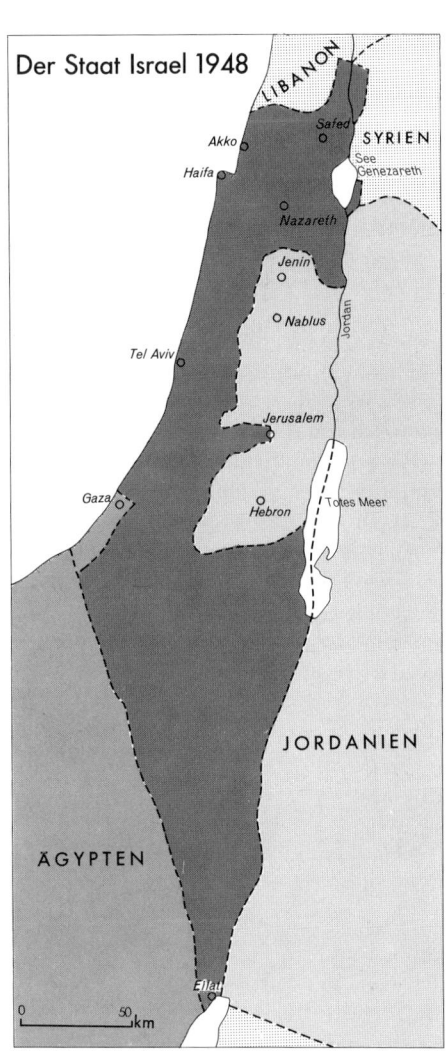

Nach Beendigung des Krieges wurde den Flüchtlingen die Rückkehr in ihre Heimat nicht erlaubt. Israel, das ein jüdischer Staat sein wollte, machte sich statt dessen für die Aufnahme hunderttausender jüdischer Flüchtlinge bereit, die im Zuge der Verschärfung des jüdisch-arabischen Gegensatzes in der ganzen Region ihre arabischen Heimatländer verlassen mußten. Viele Israelis stellten sich in der Folgezeit auf den Standpunkt, daß dadurch so etwas wie ein Flüchtlingsaustausch stattgefunden habe, und erwarteten von den arabischen Staaten Bemühungen um eine Integration der palästinensischen Araber, die ihren eigenen Bemühungen um eine Integration der orientalischen Juden entsprachen. Dergleichen wurde nicht versucht, weil die arabische Welt sich konsequent weigerte, die Existenz Israels anzuerkennen, aus diesem Grund drei weitere Kriege führte (1956, 1967, 1973) und die Heimkehrhoffnung der Flüchtlinge mit aufwiegelnden Parolen („Wir wollen die Juden ins Meer werfen!") wachhielt. Auch heute noch lebt ein großer Teil der inzwischen auf 3,5 Millionen angewachsenen palästinensischen Flüchtlinge noch in Flüchtlingslagern.

Das besondere Schicksal dieser Gruppe, die als ungeliebte und manchmal bekämpfte Minorität in den umliegenden arabischen Staaten überlebt, verstärkte das Gefühl der Zusammengehörigkeit und ließ aus arabischen Flüchtlingen das „palästinensische Volk" werden, das heute auf seinem Recht auf Selbstbestimmung besteht und nach einem eigenen Staat verlangt.

Ein israelischer Araber spricht über sich selbst:

„Als der Staat gegründet wurde – ich war ein Schulkind –, war das ein tiefer Schock. Aber diejenigen unter uns, die nicht geflohen sind und nicht ausgewiesen wurden, begriffen, daß Israel ein Faktum ist. Wir wollten einen neuen Anfang machen, wollten loyale Bürger sein. In den 50er Jahren wurde einmal angekündigt, daß die Armee auch für arabische Freiwillige offen sein werde. Ich war unter den ersten, die sich meldeten. Viele Jugendliche taten das gleiche wie ich. Die Zahl war so groß, daß die offiziellen Stellen sich alarmiert fühlten und das Angebot zurückzogen. Sie wollten uns nicht in der Armee ...

Wenn einer unserer Ingenieure in der Luftfahrtindustrie arbeiten möchte, findet er verschlossene Türen – Sicherheitsgründe ...

Die Dinge sind im Laufe der Zeit nur schlimmer geworden. Sie (die Israelis) haben für sich selbst noch immer nicht geklärt, was sie von uns erwarten, was wir sein sollen, wie wir uns verhalten sollen ... Sie verlangen, daß wir uns nicht mit den Arabern jenseits der Grenze identifizieren, aber sie treiben uns zu ihnen,

Palästinensisches Flüchtlingslager in Jordanien

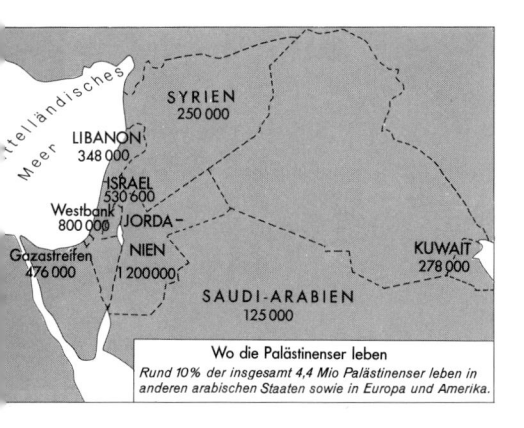

Wo die Palästinenser leben
Rund 10% der insgesamt 4,4 Mio Palästinenser leben in anderen arabischen Staaten sowie in Europa und Amerika.

SYRIEN 250 000
LIBANON 348 000
ISRAEL 530 600
Westbank 800 000
Gazastreifen 476 000
JORDANIEN 1 200 000
KUWAIT 278 000
SAUDI-ARABIEN 125 000

und die, die sehen uns als Verräter an – als Leute, die ihre nationale Ehre billig verkauft haben ... Wir wissen nicht, wer wir sind, und auch nicht, was man von uns erwartet. Was ist unsere Identität und und wohin gehören wir? ...

Auszug aus der israelischen Zeitung „Jediot Aharonot", 15. 9. 1978

Israels Araber haben weder im Wirtschaftsleben noch in der Politik die volle Gleichberechtigung erlangt, die in der Unabhängigkeitserklärung verbürgt ist. Trotz wichtiger Verbesserungen im Gesundheits- und Erziehungswesen sind sie faktisch Bürger zweiter Klasse geblieben. Die Benachteiligung arabischer Dörfer etwa bei der Strom- und Wasserversorgung und im Bausektor sowie die Beschlagnahme arabischen Landes für Verteidigungszwecke sind Beispiele einer Politik der Vernachlässigung und Diskriminierung, die in der liberalen Öffentlichkeit Israels immer wieder kritisiert wird.

Die folgende Parabel des Historikers *Isaac Deutscher* beschäftigt sich mit der Tragik und den Ursachen des israelisch-arabischen Konflikts:

„Einmal sprang ein Mann aus dem obersten Stock eines brennenden Hauses, in dem bereits viele seiner Familienangehörigen umgekommen waren. Er konnte sein Leben retten, aber im Herunterfallen schlug er auf jemanden auf, der unten stand, und brach diesem Menschen Arme und Beine. Der Mann, der sprang, hatte keine Wahl, aber für den Mann mit den gebrochenen Gliedern war er die Ursache seines Unglücks. Wenn sich beide rational verhielten, würden sie keine Feinde werden. Der Mann, der aus dem brennenden Haus entkam, würde, sobald er sich erholt hätte, versuchen, dem anderen Betroffenen zu helfen und ihn zu trösten; und jener hätte vielleicht eingesehen, daß er das Opfer von Umständen geworden war, die keiner von beiden unter Kontrolle hatte. Was aber geschieht, wenn diese beiden Leute sich irrational verhalten? Der Verletzte gibt dem andern die Schuld an seinem Unglück und schwört, daß der ihm dafür zahlen wird. Der andere, aus Angst vor der Rache des verkrüppelten Mannes, beleidigt, tritt und schlägt ihn, wann immer er ihn trifft. Der getretene Mann schwört erneut Rache und wird wieder geschlagen und bestraft. Die bittere Feindschaft, die zunächst ganz zufällig war, verhärtet sich und überschattet schließlich die gesamte Existenz der beiden Männer und vergiftet ihr Denken."

Isaac Deutscher

● *Versuche, die Parabel zu deuten. Wen erkennst du in den beiden Männern? Wer trägt die Verantwortung für die Tragödie?*
● *Die Parabel war ursprünglich für israelische Zuhörer bestimmt. Woran merkt man das? Mit welcher Absicht könnte sie den israelischen Zuhörern erzählt worden sein? Wo müßte deiner Meinung nach der Schwerpunkt der Auslegung für europäische (christliche) Leser liegen?*

Veränderungen seit 1967

Der Sechs-Tage-Krieg von 1967 brachte einschneidende territoriale Veränderungen zu Israels Gunsten. Seither spielt die Frage eines Rückzugs zu den Grenzen von 1967 in der Diskussion um eine Lösung des Konflikts eine entscheidende Rolle. Das hat sich deutlich im Falle des Friedensprozesses mit Ägypten gezeigt. Die vereinbarte Rückgabe der Sinaihalbinsel, die 1982 abgeschlossen sein soll, ist wesentlicher Bestandteil der Beschlüsse von Camp David.

Ungleich schwieriger und komplexer ist die Diskussion um das Für und Wider eines entsprechenden Rückzugs aus der Westbank und dem Gazastreifen, wo über eine Million Palästinenser die israelische Besatzung unwillig ertragen und durch die planmäßige jüdische Besiedlung radikalisiert werden. Sie wollen von einer begrenzten Autonomie unter israelischer Oberhoheit, die Gegenstand ägyptisch-israelischer Verhandlungen ist, nichts wissen, sondern fordern – soweit sie gemäßigt sind – einen eigenen Palästinenserstaat an Israels Seite. Es gibt israelische Friedenskräfte, die diesen Anspruch unterstützen.

In der 1968 beschlossenen „Palestinian National Charter" heißt es u. a.:
– „Palästina mit den Grenzen, die es während des britischen Mandates hatte, ist eine unteilbare Einheit..."
– „Der bewaffnete Kampf ist der einzige Weg zur Befreiung Palästinas..."
– „Die Befreiung Palästinas... ist eine nationale Pflicht... sie zielt auf eine Beseitigung des Zionismus in Palästina."

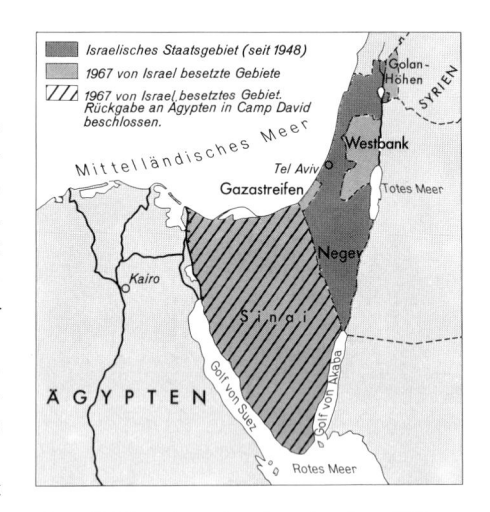

Eine Diskussion darüber in der Öffentlichkeit wird jedoch dadurch erschwert, daß die PLO als allein anerkannter Vertreter palästinensischer Interessen von den Zielen ihrer Nationalcharta *(siehe unten links)* bisher nicht abgerückt ist und die Verantwortung für anhaltende Terroranschläge gegen die israelische Bevölkerung trägt. In den Augen der meisten Israelis käme daher die Schaffung eines Palästinenserstaates nationalem Selbstmord gleich. Die Israelis, die fürchten, daß jenseits des von vielen nur als „Zwischenlösung" verstandenen palästinensischen Teilstaates das Fernziel eines „demokratischen, säkularen Gesamtstaates" droht, dessen Zustandekommen mit dem Existenzrecht des jüdischen Staates Israel unvereinbar wäre, werden der Schaffung eines Palästinenserstaates unmöglich zustimmen können. Damit hängt zusammen, daß die kompromißbereiten Kräfte in Israel, die sich für die Rückgabe der besetzten Gebiete einsetzen, mehrheitlich die sogenannte „jordanische Lösung" vorziehen, bei der die besetzten Gebiete an Jordanien gegeben werden würden.

Ein 83jähriges palästinensisches Dorfoberhaupt erzählt:

„Ich habe unter drei fremden Besatzungen gelebt – der türkischen, der englischen und jetzt der israelischen. Von den dreien regiert das israelische Regime mit der leichtesten Hand, und doch ist es am schwersten erträglich. Unter dem ottomanischen Regime wurden, wenn es zu einer Rebellion oder zu Unruhen kam, Galgen von hier bis nach Jericho errichtet. Auch die Briten waren nicht abgeneigt, bei Gelegenheit die Führer von Aufständen zu hängen. Aber die Israelis wenden selbst bei Mördern die Todesstrafe nicht an. Und doch sind sie unsere schlimmsten Feinde, und wir fürchten sie mehr als alle anderen. Warum? Die Antwort ist ziemlich leicht. Die türkischen Sultane regierten diese Region 400 Jahren lang. Sie führten hohe Steuern ein, sie waren oft ungerecht und grausam – aber sie rührten unser Land nicht an. Die Briten hielten ihr Mandat dreißig Jahre lang aufrecht. Und sie rührten unser Land nicht an. Aber die Israelis beschlagnahmten nur vier Monate nach ihrem Einmarsch in unser Territorium im Juni 1967 6 000 Dunam (= 6 km² Land), das uns gehörte und das wir viele Generationen hindurch bearbeitet haben. Sie haben es weggenommen, um ein jüdisches Dorf zu errichten..."*

Frankfurter Rundschau, 1. 6. 1976

* Nach einer Schätzung von 1980 ist inzwischen ein Drittel des Bodens der Westbank in israelischen Besitz übernommen worden.

Ägyptens Präsident Sadat und Israels Ministerpräsident Begin umarmen sich nach Unterzeichnung der Nahostvereinbarungen von Camp David (18.9.1978), an deren Zustandekommen US-Präsident Carter wesentlich beteiligt war.

Friedensaussichten?

Israelreisende der letzten Jahre wissen von einer zunehmenden Verhärtung der Fronten zu berichten. In dem folgenden Interview analysiert der israelische Schriftsteller Amos Os Aspekte des Konflikts:

„Tags sind wir James Bond, nachts schreien wir vor Angst"

Mit vierzehn verließ ich mein Elternhaus und versuchte, ein neues Leben anzufangen, im Kibbuz Hulda bei Tel Aviv. Bis heute halte ich an dem im Kibbuz entwickelten Gedankengut von Kollektivismus und Gleichheit fest. Bis heute verwerfe ich im Namen dieser Prinzipien alle radikalen Theorien, ob sie sich auf den Sozialismus oder auf die israelische Politik beziehen.

Mit welchen Themen befassen Sie sich in Ihren Bestsellern?

Nachdem ich meinen Militärdienst geleistet hatte, kehrte ich ins Kibbuz zurück. Tagsüber arbeitete ich auf den Baumwollfeldern, und wenn es dunkel wurde, schrieb ich, Nacht für Nacht. Ich hörte das Heulen der Schakale, die gelegentlichen Schüsse der Wachtposten auf Infiltranten. Ich hörte, wie die aus den verschiedensten Ländern nach Hulda gekommenen Flüchtlinge im Schlaf aufschrien. Und so schrieb ich über die Schatten der Verfolgungen, die Sehnsüchte, Ängste, über den Haß, die Alpträume, die messianistischen Hoffnungen und das Verlangen nach dem Absoluten. Ich schrieb, um herauszufinden, warum uns immer wieder, zu allen Zeiten und aus den verschiedensten Richtungen soviel Haß entgegenschlug. Ich schrieb, um herauszufinden, was sich daran ändern läßt und was nicht.

Zweimal, 1967 mit den siegreichen israelischen Panzerdivisionen in der Sinai-Wüste und 1973 inmitten der brennenden Panzer auf den Golan-Höhen, sah ich mit eigenen Augen, daß es für die Schwachen und Toten keine Hoffnung gibt und nur wenig Hoffnung für die Starken und die Sieger. Wie sinnlos sind doch militärische Siege.

Ich schreibe, um nicht zu verzweifeln und um der Versuchung zu entgehen, Haß mit Haß zu erwidern. Ich veröffentliche Artikel und Aufsätze, in denen ich mich für einen prinzipienlosen, vielleicht sogar einen ungerechten Kompromiß zwischen den israelischen Juden und den arabischen Palästinensern einsetzte. Denn mir ist klargeworden, daß derjenige, der absolute Gerechtigkeit fordert, den Tod sucht.

Oft entfachten meine Geschichten und Artikel in Israel einen Sturm öffentlicher Wut gegen mich – die einen warfen mir vor, den Enthusiasmus für den Zionismus zu untergraben; andere meinten, ich verletze offenliegende Nervenstränge und verursache unnötigen Schmerz. Mag sein.

Wie erklären Sie sich den Haß und die Verbitterung, die Juden und Araber voneinander trennen?

Beide Parteien kämpfen nicht eigentlich gegen ihren wirklichen Feind und Gegner, sondern gegen die neurotischen Schatten ihrer eigenen Vergangenheit. Für die Araber sind wir Israelis nicht das, was wir wirklich sind. Sie sehen uns nicht in die Augen, sie sehen uns überhaupt nicht. Sie sehen nur Franzosen, Engländer, Türken, die sie während Jahrhunderten unterdrückt, erdrückt haben. Israel ist für sie eine Garnison, keine Gesellschaft, eine Festung, kein Staat; nur ein Brückenkopf der weißen Kolonialisten und Imperialisten. Und wir Israelis können uns die Araber nicht vorstellen. Wir sehen in ihnen nur die Nazis, die Gaskammern, Hitler, die Russen und die Pogrome, diabolische Kräfte, die auferstanden sind, um uns erneut zu vernichten.

Juden und Araber in der Altstadt von Jerusalem, die zwischen 1948 und 1967 in jordanischer Hand war und im 6-Tage-Krieg (1967) von Israel erobert wurde

Im Mittelpunkt steht der Konflikt zwischen Israelis und Palästinensern ... Beide haben sie ihre nationalen Bewegungen geschaffen und ihre nationalistischen Sehnsüchte entdeckt. Beide haben sie recht, und beide sind sie blind, unfähig, die Gegenseite aus der Gegenwart und nicht bloß aus der Vergangenheit heraus zu verstehen.

Warum geben Sie dem Dialog der Mäßigung zwischen Palästinensern und Israelis so wenig Chancen?

Ich bin pessimistischer als vor fünf Jahren. Der Konflikt ist nicht symmetrisch. Ich fordere Anerkennung für Anerkennung, Unabhängigkeit für Unabhängigkeit, Legitimität für Legitimität. Aber die Palästinenser, Arm in Arm mit den arabischen Staaten, verweigern Israel immer noch die staatliche Anerkennung und Legitimität. Ich finde auf palästinensischer Seite keinen gleichgesinnten Schriftsteller, der bereit wäre, meiner Konfliktanalyse zu folgen.

Die Araber begreifen nicht, wie tief der Schmerz und die Demütigung sind, die sie uns zufügen, wenn sie uns die Anerkennung verweigern. Das hängt mit unserer zweitausendjährigen Erfahrung zusammen: Mit Juden spricht man nicht; man setzt sich nicht mit ihnen an einen Tisch; für Juden verboten.

Zwischen dem Israel bei Tageslicht und Israel bei Nacht liegt eine ungeheure Distanz. Es gibt keine Stadt der Welt, wo man pro Quadratkilometer so viele Alpträume zählt wie in Tel Aviv. Weil hier alle der Hölle entronnen sind. Das begreifen die Araber nicht, um so weniger als wir selbst es nicht einsehen wollen. Tagsüber halten wir uns für James Bond, und nachts schreien wir vor Angst.

Amos Os (ZEIT-Magazin, 30. 4. 1976)

● *Welche Züge trägt in dieser Analyse der israelische Gegner, den die Araber hassen? Welche Züge trägt der arabische Gegner, den die Juden hassen?*
● *Welche historischen Erfahrungen liegen jeweils dem verzerrten Bild des Gegners zugrunde? Wodurch unterscheidet sich der wirkliche Gegner vom Zerrbild?*

In einer Situation, in der die Entwicklung von den Handlungen und Drohungen der Extremisten auf beiden Seiten bestimmt wird, kommt für friedliebende Kräfte alles darauf an, das tiefsitzende Mißtrauen zwischen Israelis und Palästinensern abzubauen und dadurch die beiderseitige Kompromißbereitschaft zu fördern.

● *Bestimme den Standort der folgenden Stellungnahmen und prüfe sie daraufhin, ob du sie für geeignet hältst, dem Abbau von Mißtrauen zwischen Israelis und Palästinensern zu dienen.*

„ICH WILL MEINEN EIGENEN Paß und meine nationale Identität. Ihr Juden habt 2 000 und mehr Jahre darum gekämpft. Jetzt habt ihr euren Staat, und das ist recht so. Aber warum laßt ihr jetzt nicht auch uns endlich zu unseren Rechten kommen?"

Arzt in Nablus, palästinensischer Flüchtling, „ZEIT-Magazin", 30. 4. 1976

„Der Staat Israel in seiner jetzigen Gestalt, welche aus ihm einen Fremdkörper im Gesamtgebiet macht, wie es die Palästinenser empfinden, muß überwunden werden auf das säkulare, demokratische Palästina hin."

Vertreter der arabischen Position (auf dem ev. Kirchentag in Frankfurt, 1975)

Anhänger des ultranationalistischen religiösen ‚Blocks der Treuen' (Gusch Emunim) demonstrieren für das Recht, überall auf dem Boden des biblischen Landes Israel zu siedeln.

„WENN ICH PALÄSTINENSER WÄRE, der in einer stinkenden Baracke im Gazastreifen geboren wäre, und wenn man mir die Photographie von einem Haus in Israel zeigen würde, das meinen Eltern mal gehört hat, hätte ich gar keine andere Wahl als zu kämpfen. Da ich nun aber Israeli bin, habe ich ebenso wenig eine andere Wahl."

Jurastudent,
„Jewish Chronicle", 28. 9. 1979

„Wir haben uns in Elon Moreh (einer wilden Siedlung auf der Westbank vor den Toren von Nablus) niedergelassen, da wir dazu auserwählt sind, das Land zu besiedeln, das Gott unseren Vorfahren gegeben hat. Unsere Niederlassung selbst hatte keine Sicherheitsgründe, sondern diente dazu, diese Mission zu erfüllen."

Vertreter des Gusch Emunim,
„Davar", 31. 8. 1979

„Wir werben für unsere politisch gesehen realistischere Sicht . . . mit dem Hinweis auf die ethischen Forderungen unserer religiösen Überlieferung: Alles Unrechttun ist gegen Gottes Willen; die Verheißungen der Bibel sind bedingt (‚Wenn ihr meine Gebote befolgt' etc.)."

Uriel Simon, „Os weSchalom –
Informationsblatt", Nr. 2, 1981

„Die Versuche israelischer Chauvinisten, Berge und Täler heilig zu sprechen, als ob sie kostbarer wären als Frieden und Freiheit, gefährden die Zukunft des Staates Israel. Keine Nation ist frei, wenn sie eine andere beherrscht. Die Unterdrückung des palästinensischen Volkes zerstört die moralische und humanistische Grundlage, auf der Israel gegründet wurde . . ."

Erklärung der Partei SCHELI,
„DIAK-Info" 6/1978

● *In der innerjüdischen religiösen Auseinandersetzung um die Rückgabe oder fortschreitende jüdische Besiedlung der besetzten Gebiete wird den religiösen Extremisten von gemäßigter Seite das Gebot „pikkuach nefesch" entgegengehalten. Du kennst das Gebot aus der Sabbatdiskussion (vgl. Seite 24). Kannst du dir denken, wie es in der Auseinandersetzung um die Inbesitznahme des verheißenen Landes als Argument herangezogen wird?*

Israelarbeit der ASF

1958 wurde auf der Tagung der evangelischen Synode in Berlin eine Organisation ins Leben gerufen, die unter dem Namen *Aktion Sühnezeichen* (später ergänzt um: *Friedensdienste*) bekannt geworden ist und sich zum Ziel setzte, junge Freiwillige für jeweils ein Jahr ihres Lebens in Länder zu schicken, die unter nationalsozialistischer Gewaltherrschaft gelitten hatten.

In Israel, das im Gründungsaufruf an erster Stelle stand, sind seit 1961 jedes Jahr zwei Gruppen von etwa 15 Freiwilligen in verschiedenen sozialen Diensten eingesetzt worden.

Ein Pfarrer berichtete 1975:
„Am Anfang unserer Arbeit stand die schlichte Solidarität mit dem Staat Israel, der Zufluchtsstätte der Menschen, die der Vernichtung entronnen waren. Diese Solidarität brauchte nicht hinterfragt zu werden – zu elementar war die hinter uns liegende Schreckensgeschichte noch gegenwärtig. Das änderte sich langsam nach dem 6-Tage-Krieg im Juni 67. In der öffentlichen Meinung in Deutschland trat

Israelische Fallschirmjäger besetzen die Altstadt von Jerusalem (Juni 1967).

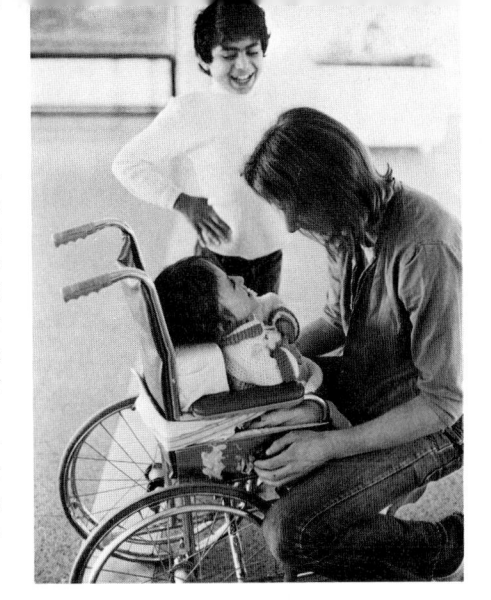

eine gewisse Ernüchterung ein . . . Israel hatte nicht mehr still gelitten, sondern hatte sich energisch gewehrt. Es hatte . . . große Gebiete annektiert, hatte alte Flüchtlingslager unter seine Kontrolle gebracht und neue Flüchtlingsströme in Bewegung gesetzt . . ."

Der Bericht entfaltet, wie sich in dieser veränderten Situation den engagierten Freiwilligen bestimmte Fragen aufdrängen können. Sie haben während der Vorbereitungswochen und auf einer dazugehörenden Fahrt nach Auschwitz eine Form totaler, in Vernichtung gipfelnder Unterdrückung kennengelernt und verstehen ihren Friedensdienst als persönlichen Einsatz für Unterdrückte und Unterpriviligierte. Bei ihrer Ankunft in Israel erleben sie dann die Juden, zu denen sie sich gerufen fühlen, als selbstbewußtes Staatsvolk und finden Unterdrückte und Unterpriviligierte vor allem auch in den Palästinensern. Sie fragen sich, ob es ihre Pflicht ist, gegenüber den Juden als Anwälte der Schwächeren aufzutreten. Und dann erleben sie manchmal etwas, das sie daran zweifeln läßt, ob ihnen die Rolle des Vermittlers angesichts der deutschen Vergangenheit überhaupt zukommt.

Ein Freiwilliger schrieb 1981 aus Israel:
„Zu denen, die ich häufiger besuche, gehört eine 80jährige sehr einsame, arme Frau. Einmal, als ich Milch und Joghurt kaufen sollte, habe ich von dem Geld, das ich für meine Altenarbeit bekommen hatte, noch einen Weißkäse gekauft – er gehört sonst immer auf den Einkaufszettel, sie hatte ihn nur vergessen. Als ich ihr den Käse gab, wollte sie mir das Geld dafür geben, obwohl ich sagte, daß es ein Geschenk ist. Sie hat dann auch abgelassen und die Welt nicht mehr verstanden, war angerührt und hat im weiteren Gespräch von sich erzählt: Da sie keinen Fernseher hat und im Radio nur die halbstündige jiddische Sendung hört, hatte ich gefragt, ob sie nicht wenigstens Musik höre. Nein, nein – Musik kann sie nicht hören, seit ihr einziges Kind, ihr 21jähriger Sohn, von den Deutschen getötet worden ist. Seitdem kann sie keine Musik hören, auch keine jiddischen Lieder. Ebenso ist sie seelisch außerstande, die ihr nach 1945 angebotene sogenannte ‚Wiedergutmachung' anzunehmen – aus Schmerz über den Verlust ihres einzigen Kindes, obwohl sie diese finanziellen Mittel dringend brauchen könnte . . .

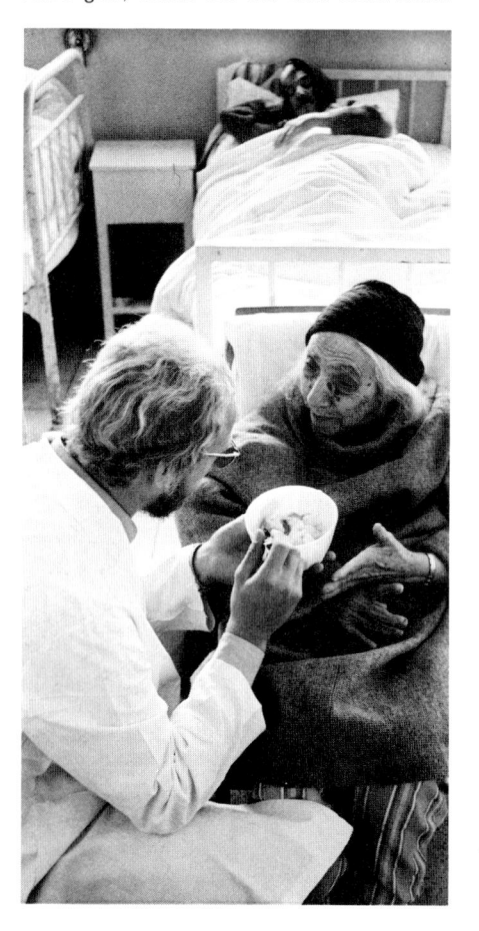

Diesen Menschen gebührt es, daß sie heute von Deutschen nur Gutes empfangen, daß sie von jungen Deutschen nicht verletzt werden. Daß heißt: Politische Diskussionen über das Verhältnis von Juden und Arabern etwa haben diesen Menschen gegenüber kein Recht und keinen Platz. Diese Menschen, die an der Grenze des Todes entlang in dieses Land gekommen sind, haben ein Recht darauf, in einem jüdischen Staat im Lande Israel eine nationale Heimstätte für alle verfolgten Juden zu finden."

● *Ein ASF-Mitarbeiter stellt fest: „Jeder, der mit ASF nach Israel gehen will, muß wissen, daß er sich auf eine schwierige Situation einläßt." Welche Schwierigkeiten siehst du?*
● *Man kann über das Büro in Berlin zu ehemaligen ASF-Freiwilligen Kontakt gewinnen, die gern bereit sind, von ihren Erfahrungen zu erzählen. Besprecht im Klassenverband, ob ihr jemanden aus eurer Gegend zu einem Gespräch einladen wollt.*

Israel und die Diaspora

Der politische Zionismus war eine unmittelbare Antwort auf die Herausforderung des Antisemitismus. Der Begegnung mit den unterschiedlichen Formen der Judenfeindschaft entsprangen Grundüberzeugungen des Zionismus: daß das Leben in der Diaspora entwürdigend und unerträglich sei, und daß eine Staatsgründung in der historischen Heimat die mehr oder weniger vollzählige Einsammlung aller Verbannten ermöglichen und einleiten werde. In diesem Sinne wurde 1950 von dem jungen israelischen Staat das *Rückkehrgesetz* verabschiedet, das jedem Juden auf der Welt das Recht auf Einwanderung und uneingeschränkte Staatsbürgerschaft zugesteht.

Trotz intensiver Anstrengungen der zionistischen Organisationen blieben die Einwanderungszahlen für viele enttäuschend niedrig. Auch nach dem beachtlichen Zustrom aus den orientalischen Ländern lebt heute nur etwa ein Fünftel des jüdischen Volkes in Israel. Das wird sich in der voraussehbaren Zukunft um so weniger ändern, als sich in jüngster Zeit die Zuwanderung nach Israel und die Auswanderung aus Israel zahlenmäßig etwa die Waage halten. Die Lage in der Diaspora ist jetzt nicht mehr die, die die Väter des Zionismus verzweifelt nach einer Lösung suchen ließ. Für die Millionen osteuropäischer Juden, die unter den Zaren bedrängt oder von den Nationalsozialisten ermordet wurden, kam die Staatsgründung zu spät. In den westlichen Demokratien dagegen nahm der Prozeß der Assimilation trotz und wegen des Schocks der Hitlerjahre seinen Lauf, und Juden können als gleichberechtigte Bürger ihrer Heimatländer auf allen Gebieten Beiträge leisten und Erfolg erlangen.

Nahum Goldmann, der langjährige Vorsitzende des Jüdischen Weltkongresses, urteilt positiv über das Nebeneinander der beiden Formen jüdischer Existenz, das der Zionismus so nicht vorhergesehen hat, als er antrat, die eine Form durch die andere zu ersetzen:

„Man darf nicht übersehen, daß selbst vor der Zerstörung des jüdischen Staates durch die Römer die Mehrheit der Juden bereits außerhalb Palästinas lebte . . .

(Es bedeutet) eine Entstellung des einzigartigen Charakters der jüdischen Geschichte, die Diaspora als eine Art von anomaler Episode zu betrachten, wie es viele zionistische Ideologen und auch heute noch zionistische Führer tun. Was man die ‚Normalisierung' des jüdischen Lebens nennen könnte, würde nicht in der Abschaffung der Diaspora und dem Zusammenschluß des ganzen Volkes in seinem eigenen Territorium bestehen, sondern in der Entstehung einer Lebensform, die sowohl aus Israel als dem Zentrum und aus der Diaspora als Peripherie besteht, beide eng verbunden und untrennbare Teile des gleichen Volkes . . .

Man kann heute mit voller Berechtigung die Frage stellen, ob ohne einen jüdischen Staat, ohne ein neues schöpferisches Zentrum und die Schaffung neuer jüdischer Werte in der kulturellen, religiösen und sozialen Sphäre die jüdische Diaspora noch eine echte Chance des Überlebens hätte."

Nahum Goldmann

Am 2.1.1976 veröffentlichte das *Jewish Chronicle* das Ergebnis einer Umfrage unter britischen Juden, die sich über das Wesen, die Gründe und die Ausdrucksformen ihrer besonderen Beziehung zum jüdischen Staat geäußert hatten:

Barbara B.
Verkäuferin

„Wenn ich an Israel denke, sehe ich ein Land vor mir, das immer noch im Aufbau begriffen ist. Es ist zwar nicht meine Heimat, aber ich wünsche ihm, daß es gedeiht. Ich gehörte mal zu einer Gruppe, die Spenden für Israel sammelte, und im Krieg habe ich Blut gespendet. In Krisenzeiten würde ich alles tun; nur nicht mich dort niederlassen."

Mark K.
Geschäftsführer

„Ich empfinde für Israel starke Zuneigung, aber England und Amerika, wo meine Familie wohnt, sind mir wichtiger. Vielleicht würde eine Reise nach Israel das umkehren. Aber ich befürworte den Gedanken einer Heimat für die Juden ganz entschieden, für die unterdrückten – und überhaupt."

Menachem S.
Buchhalter

„Ich bin nicht gegen Israel, aber ich kann nicht etwas unterstützen, das gegen Torawerte verstößt. Meiner Meinung nach hat Israel das in vieler Hinsicht getan. Trotzdem verfolge ich seine Entwicklung mit Interesse."

Jakob K.
Rabbiner

„Ohne Israel wären die Juden verloren. In meiner Eigenschaft als Rabbiner versuche ich, die Lage im Nahen Osten im Bewußtsein meiner Gemeindeglieder wachzuhalten und sie dazu zu bewegen, daß sie sich für Israel engagieren . . ."

Barbara G., Hausfrau
„Israel ist unerläßlich für die Zukunft der Juden überall auf der Welt. Es braucht unsere Hilfe, und wenn meine Kinder dorthin auswandern sollten, würde ich mich riesig freuen ... Unter anderem arbeite ich bei einer Alija-orientierten Jugendorganisation mit."

Geoffrey Y., Marktverkäufer
„Israel ist für mich eine Zufluchtsmöglichkeit, ein Land, wohin ich fliehen könnte. Ich war auch schon mal fünf Monate lang dort. Als Jude fühle ich mich mit Israel verbunden, und seine Existenz ist wichtig für mich. Aber ich glaube nicht, daß ich mich dort für immer niederlassen könnte."

Barney D., Rentner
„Israel kann mir nicht allzuviel bedeuten. Schließlich sind meine Familie und ich alle hier geboren. Aber ... während des Jom-Kippur-Krieges habe ich in den Markthallen Spendensammlungen durchgeführt."

Frank F., Leiter eines Lagerhauses
„Wenn ich das Geld hätte, würde ich in Israel einwandern und beim Aufbau des Staates helfen. Für mich ist Israel das größte Land auf der Welt, und ich liebe es mehr als England. Was meine Unterstützung angeht, so versuche ich mit Spenden zu helfen und schicke so oft wie möglich Pakete an meine Verwandten dort."

● *Mit welchen Worten beschreiben die Befragten ihre gefühlsmäßige Bindung an den jüdischen Staat? Wie begründen sie diese Bindung? Auf welche Weise bringen sie ihre Solidarität zum Ausdruck?*

● *Viele Diasporajuden meinen, die israelische Politik unter allen Umständen gegenüber der nichtjüdischen Welt verteidigen zu müssen. Andere bestehen auf ihrem Recht zur Kritik. Kannst du dir denken, wie sie ihren Standpunkt jeweils begründen und was man in Israel dazu sagt?*

Die Väter des Zionismus hatten gehofft, daß in Israel die Normalisierung jüdischen Lebens gelingen würde. Ein neuer Menschentyp sollte entstehen. In einem 1970 erschienenen Aufsatz gibt Ernst Simon Beispiele, die das Wesen dieses Wandels verdeutlichen:

„Da ist der jüdische Bauer, der sich mit seinem Boden verwurzelt, statt des Händlers, der von einem Ort zum anderen zog. Da ist der Soldat, der die eigene Heimat schützt, statt des Revolutionärs, der einer internationalen Idee diente ... Da ist der ausgrabende Archäologe statt des Ideenhistorikers. Da ist der landeskundige Fußwanderer, der jeden Fleck der Heimaterde kennt, statt des Globetrotters im Luxusdampfer."

Ernst Simon

Manchmal kann man der Frage begegnen, ob Israelis noch Juden seien. Die im Land geborenen Israelis, die Sabres, waren lange Zeit in ihrer eigenen Vorstellung denen überlegen, die ein Minderheitsschicksal ertragen hatten oder noch ertrugen. Für die jiddische Sprache und Kultur als Erzeugnisse des Gettos zeigten sie kein Interesse. Heute scheint die Einsicht zu wachsen, daß man damit ein Jahrtausend jüdischer Geschichte verloren gäbe.

Der Krieg von 1973 und die nachfolgende weltpolitische Isolierung Israels haben nicht wenig dazu beigetragen, daß Israelis sich stärker als zuvor mit dem Weltjudentum verbunden wissen.

● *Israel ist der einzige Ort auf der Welt, wo Juden nicht als Minderheit leben. Kannst du dir vorstellen, in welcher Weise das Lebensgefühl davon beeinflußt wird, ob man einer Mehrheit oder einer Minderheit angehört? (Vielleicht kennst du die Minderheitserfahrung einer evangelischen Gemeinde in überwiegend katholischer Umwelt oder den umgekehrten Sachverhalt?)*
● *Zweierlei wird behauptet: Israel brauche die Unterstützung aus der Diaspora, um überleben zu können, und die Diaspora brauche die Existenz Israels aus dem gleichen Grund. Wie könnte das gemeint sein?*

Moderner israelischer Kibbuz

Hinweise zu Personen

An-Ski 1863–1920. Schriftsteller, der sowohl russisch wie jiddisch schrieb.
Ben Gurion, David 1886–1973. Geb. in Plonsk (Polen). Emigrierte 1906 nach Palästina. Israelischer Ministerpräsident (1948–53 u. 1955–63).
Blue, Lionel Geb. 1930 in London. Reformrabbiner, der am Leo Baeck College in London lehrt.
Chagall, Bella 1855–1944. Geb. in Witebsk (Rußland). Ehefrau des Malers Marc Chagall. Schrieb Erinnerungen in jiddischer Sprache.
Cronbach, Abraham 1882–1965. Rabbiner des Reformjudentums (USA).
Deutscher, Isaac 1907–1967. Geb. in Polen, lebte seit 1939 in England. Marxist. Historiker.
Elon, Amos Geb. 1926 in Wien. Lebt heute als Schriftsteller in Tel Aviv.
Fromm, Erich 1900–1980. Geb. in Frankfurt am Main. Emigrierte 1933 in die USA. Psychoanalytiker und Sozialphilosoph.
Fürst, Max 1905–1978. Geb. in Königsberg. Emigrierte 1935 nach Palästina und lebte zuletzt in Stuttgart. Tischler und Schriftsteller.
Gebirtig, Mordechaj 1877–1942. Polnischer Liedermacher und Volkssänger. Von deutschen Soldaten erschossen.
Goldmann, Nahum Geb. 1894 in Polen. Lebte von 1900 bis 1933 in Deutschland. Zwischen 1936 und 1977 Präsident des jüdischen Weltkongresses. Erfolgreiche Bemühungen um eine deutsch-jüdische Aussöhnung.
Heschel, Abraham 1907–1972. Geb. in Polen. Religionsphilosoph und Theologe. Lehrte zunächst in Frankfurt am Main, nach 1939 in Amerika.

Hillel 30 v. Chr.–10 n. Chr. Pharisäischer Lehrmeister und Oberhaupt einer nach ihm benannten Schule. Jesus stand dieser Schule näher als der des strengen Zeitgenossen **Schammai**.
Kazin, Alfred Geb. 1915 in New York. Literaturkritiker.
Levinson, Nathan Peter Landesrabbiner von Baden und Hamburg. Partner im christlich-jüdischen Dialog beim Kirchentag.
Maimonides, Moses 1135–1204. Lebte als Arzt in Kairo. Verband in seinen Werken jüdisches Denken mit aristotelischer Philosophie.
Meir, Golda 1898–1978. Geb. in Kiew (Ukraine). Emigrierte als Kind in die USA und 1921 nach Palästina. Israelische Ministerpräsidentin (1969–1974).
Os, Amos Geb. 1939 in Jerusalem. Schriftsteller.
Parkes, James Geb. 1897. Anglikaner, der sich als einer der ersten christlichen Theologen vom traditionellen Antijudaismus christlicher Theologie frei machte und nach dem Selbstverständnis des Judentums fragte.
Pinsker, Leon 1821–1891. Arzt in Odessa.
Shapira, Chaim Moshe 1902–1970. Geb. in Grodno (Rußland). Emigrierte 1925 nach Israel. Ministerposten (Inneres, Religion) in verschiedenen Regierungen.
Simon, Ernst Geb. 1899 in Berlin. Emigrierte 1928 nach Palästina. Pädagoge und Psychologe. Schüler Martin Bubers.
Simon, Uriel Geb. 1929 in Jerusalem. Bibelwissenschaftler. Sohn Ernst Simons.
Trepp, Leo Geb. 1913 in Mainz. Emigrierte 1938 über England in die USA. Rabbiner und Philologe.
Wouk, Herman Geb. 1915 in New York. Schriftsteller.

Glossar

Alija Einwanderung in das Land Israel. Auch Einwanderungswelle.

Bar Mizwa Wörtlich „Sohn des Gebotes". Bezeichnet den Stand religiöser Mündigkeit, in den ein Junge mit dreizehn Jahren eintritt. Die Feier, während der er erstmals aus der Tora vorlesen darf, entspricht der christlichen Konfirmation. (**Bat Mizwa** = „Tochter des Gebotes".)

Chassid (Plural: Chassidim) Wörtlich „der Fromme". Der Chassidismus begann im 18. Jahrhundert in Osteuropa als Frömmigkeitsbewegung, die religiöses Erleben der damals vorherrschenden Talmudgelehrsamkeit vorzog. Wundermänner sammelten Anhänger um sich. Sie erzählten leicht verständliche Gleichnisse und erfüllten die Menschen mit Hoffnung. Ihre Stellung war erblich. Es gibt bis heute chassidische Dynastien in Amerika. Der Chassidismus und die Orthodoxie stehen einander insofern nahe, als beide konservativ eingestellt sind.

Codex Hammurabi Gesetzbuch des babylonischen Königs Hammurabi (1728–1686 v. Chr.).

Estrade Erhöhter Fußboden am vorderen Ende eines Raumes.

Gusch Emunim 1973 aus der NRP (Nationalreligiöse Partei) hervorgegangene Bewegung, die das Gebot, das Land zu besitzen, absolut setzt. Ihre Aktivisten versuchen, mit illegalen Siedlungen auf der Westbank vollendete Tatsachen zu schaffen.

Haggada Wörtlich „Erzählung". Sammelbegriff für die erbaulichen Teile der Überlieferung, in denen über Gott und seine Offenbarung, die Welt und den Mitmenschen, über Leben und Tod, Glaube und Hoffnung geredet wird, ohne daß verbindliche Lehrsätze formuliert würden.

Halacha Wörtlich „Schritt", „Wegrichtung", „Lebenswandel". Sammelbegriff für die gesetzlichen Teile der Überlieferung, die die Praxis der Lebensführung bestimmen und verbindlich sind.

Jom Kippur Versöhnungstag. Höchster Festtag im Herbst, den man als Tag der Versöhnung mit Gott fastend und betend verbringt. Der vierte arabisch-israelische Krieg vom Oktober 1973 ist auch unter dem Namen Jom-Kippur-Krieg bekannt, weil die Ägypter und Syrer ihren Überraschungsangriff am Tag des jüdischen Versöhnungsfestes begannen.

Mesusa Wörtlich „Türpfosten". Die Kapsel wird am oberen Teil des rechten Türpfostens einer Wohnungstür schräg angebracht. Die von außen lesbaren hebräischen Buchstaben ergeben das Wort „Schadai" (= Allmächtiger).

Midrasch Bibelkommentar aus talmudischer Zeit.

Os weSchalom Wörtlich „Kraft und Frieden". 1975 gegründeter politischer Arbeitskreis religiöser Zionisten, denen die ethische Qualität israelischen Lebens wichtiger ist als die geographische Ausdehnung des Staates. Sie vertreten eine gemäßigte Position.

Passafest Sieben Tage dauerndes Fest der ungesäuerten Brote im März oder April, mit dem man die Befreiung des Volkes Israel aus der Knechtschaft in Ägypten feiert.

PLO Dachorganisation mehrerer palästinensischer Befreiungsbewegungen wie der 1964 gegründeten „Fatah" (Vorsitz: Jassir Arafat) und der radikaleren

1969 gegründeten „Demokratische Volksfront zur Befreiung Palästinas" (Vorsitz: Georges Habasch).

Pogrom Judenverfolgung im zaristischen Rußland, bei der geplündert und gemordet wurde.

Rabbi (Plural: Rabbinen), **Raw, Rabban** Wörtlich „mein Meister". Schrift- und traditionskundiger Gelehrter der Antike und des Mittelalters. Demgegenüber bezeichnet man in der Neuzeit den religiösen Führer einer Gemeinde als **Rabbiner**.

Scheli Kleine israelische Partei, die sich für den Rückzug Israels aus allen 1967 besetzten Gebieten und die Gründung eines souveränen Palästinenserstaates auf Westbank und Gazastreifen einsetzt.

sephardisch Bezeichnung für die spanischen, heute auch die orientalischen Juden. (Zu unterscheiden von **aschkenasisch**, der Bezeichnung für die deutschen und osteuropäischen Juden).

Synedrium Oberster jüdischer Gerichtshof in Jerusalem bis 70 n. Chr..

Tefillin Zwei Lederriemen mit je einer würfelförmigen Kapsel, die vier auf Pergament geschriebene Textabschnitte enthält: 5. Mose 6, 4–9 und 11, 13–21 (vgl. Mesusa) sowie 2. Mose 13, 1–10 und 11–16. Männer und über dreizehn Jahre alte Jungen (vgl. Bar Mizwa) tragen die Tefillin wochentags beim Morgengebet zu Hause oder in der Synagoge. Die Kapseln werden mit Hilfe der Riemen auf der Stirn bzw. am schwächeren – d. h. normalerweise dem linken – Arm befestigt.

Versöhnungstag Siehe Jom Kippur.

Wochenabschnitt Im Laufe eines Jahres werden die fünf Bücher Mose fortlaufend in Wochenabschnitten während des Gottesdienstes vorgelesen.

Adressen

Aktion Sühnezeichen/Friedensdienste, Jebenstraße 1, 1000 Berlin 12.
Deutsch-Israelischer Arbeitskreis für Frieden im Nahen Osten (DIAK) – Frau Irma Haase, Gotha-Allee 35, 1000 Berlin 19.
(Jüdisch-christliche Bibelwoche) – Kontakt: Hedwig-Dransfeld-Haus, 5413 Bendorf/Rhein.

Quellenverzeichnis

Texte

S. 7 Gisela Hommel, *Der siebenarmige Leuchter*, Verlag J. Pfeiffer, München 1976, S. 86;
– Nathan P. Levinson, ‚Wäre deine Weisung nicht meine Freude...'. In: *Treue zur Thora*, Institut Kirche und Judentum, Berlin 1977, S. 119;
S. 8 Jakob J. Petuchowski, *‚Es lehrten unsere Meister...', Rabbinische Geschichten*, Verlag Herder, Freiburg 1979, S. 66;
– Lionel Blue, *Wie kommt ein Jude in den Himmel?* Kösel-Verlag, München 1976, S. 20;
S. 9 Jakob J. Petuchowski, a. a. O., S. 109;
S. 11 Leo Trepp, *Das Judentum*, Hamburg 1969, S. 186;
– Herman Wouk, *Er ist mein Gott*, Wolfgang Krüger Verlag, Hamburg 1961, S. 59;
– Abraham Cronbach, *Reform Movements in Judaism*, New York 1963;
– Lionel Blue, a. a. O., S. 32;
S. 13 James Parkes, *End of an Exile*, S. 84;
S. 15 *Der babylonische Talmud*. Ausgewählt, übersetzt und erklärt von Reinhold Mayer, Wilhelm Goldmann Verlag, München 1963, S. 323;
S. 16 *Der babylonische Talmud*, S. 343;
– ‚Der Flügelmann'. In: *Jüdische Märchen*, (Hrsg.) Israel Zwi Kanner, © 1976 Fischer Taschenbuch Verlag, Frankfurt am Main, S. 160;
S. 19 Alfred Kazin, *Meine Straßen in New York*, Walter Verlag, Olten 1966, S. 73 f. (translated by permission of Harcourt Brace Jovanovich, Inc. from *A Walker in the City* by Alfred Kazin);
S. 22 Abraham Cronbach, a. a. O., S. 83;
S. 23 Herman Wouk, a. a. O., S. 69–72;
S. 24 *Der babylonische Talmud*, S. 520;
S. 29 Lionel Blue, a. a. O., S. 53–60 (mit Auslassungen);

S. 31 Bella Chagall, *Brennende Lichter,* © Rowohlt Verlag, Reinbek bei Hamburg 1966, S. 78;
S. 34 ‚Warum Gott das zweite Weib Adams aus der Rippe schuf'. In: *Jüdische Märchen* a. a. O., S. 26 f.;
– Jakob Petuchowski, a. a. O., S. 61;
S. 36 *Der babylonische Talmud,* S. 204 f.;
– Robert Raphael Geis, *Vom unbekannten Judentum,* Verlag Herder, Freiburg 1961, S. 144 f.;
S. 37 *American Jewish Yearbook 1979;*
S. 39 Herman Wouk, a. a. O., S. 126 f.;
S. 44 Martin Buber, *Der Jude und sein Judentum.* Gesammelte Aufsätze, Köln 1963, S. 806, © Rafael Buber, Israel;
– Martin Buber a. a. O., S. 521 f.;
S. 46 Zitiert in: Simon Dubnow, *Weltgeschichte des jüdischen Volkes,* Bd V, Berlin 1927, S. 480;
S. 47 Amos Elon, *Die Israelis. Gründer und Söhne,* Verlag Fritz Molden, Wien-München-Zürich 1972, S. 58 ff.;
S. 49 An-Ski, ‚Zwei Märtyrer'. In: *Der Mann, der den jüngsten Tag verschlief. Jiddische Geschichten aus aller Welt,* dtv, S. 115 f.; © 1967 Horst Erdmann Verlag Tübingen;
S. 50 Amos Elon, a. a. O., S. 102 f.;
S. 51 Salcia Landmann, *Der jüdische Witz,* Walter Verlag, Olten 1960, S. 481 und 483;
S. 53 Max Fürst, *Gefilte Fisch,* dtv, S. 253, © 1973 Carl Hanser Verlag München;
– Nahum Goldmann, *Israel muß umdenken! Die Lage der Juden 1976,* © Rowohlt Verlag, Reinbek bei Hamburg 1976, S. 84 f.;
S. 55 Amos Elon, a. a. O., S. 120 f.;
– Josef Baratz, *Siedler am Jordan,* Vandenhoeck & Ruprecht, Göttingen, S. 61 f. und 68;
S. 56 David Ben Gurion, *Wir und die Nachbarn,* Tübingen 1968, S. 35;
S. 60 Zitiert in der britischen Wochenzeitung *Jewish Chronicle* (gegründet 1841) am 30. 4. 1976;
S. 65 Isaac Deutscher, *Die ungelöste Judenfrage,* Rotbuch-Verlag, Berlin 1977, S. 91 f.;
S. 67 Amos Os, © *ZEITmagazin* 1976/A. Kohlschütter;
S. 71 ‚Probleme des Friedensdienstes der ASF in Israel'. In: *Frieden in Nahost? Materialien zur Lage im Nahen Osten,* Aktion Sühnezeichen/Friedensdienste 1975, S. 22;
S. 72 ‚Frieden durch Versöhnung'. In: *Zeichen Nr. 1/März 1981,* Mitteilungen der Aktion Sühnezeichen/Friedensdienste, S. 13;
S. 73 Nahum Goldmann, a. a. O., S. 65 und 67;
S. 74 *Jewish Chronicle,* 2. 1. 1976;
S. 76 Ernst Simon, ‚Der Wandel des jüdischen Menschenbildes im heutigen Israel'. In: *Jüdisches Volk – Gelobtes Land,* (Hrsg.) W. Eckert, N. P. Levinson und M. Stöhr, München 1970, S. 130.

Illustrationen

Aktion Sühnezeichen/Friedensdienste, Berlin: S. 71 rechts, 72 (H. Greyer); Itzhak Amit, Kibbuz Tzora, Israel: S. 9; Archiv für Kunst und Geschichte, Berlin: S. 29; Bavaria-Verlag, Gauting: S. 4 oben (W. van de Poll), 7 rechts (W. Othmar), 14 (W. van de Poll). 23 (W. van de Poll); Bildarchiv Preußischer Kulturbesitz, Berlin: S. 10 links, 11, 13, 27 oben, 44 (W. Braun), 45, 46, 57 (T. Gidal), 59, 60 rechts (H. Mendelsohn), 71 links (W. Braun); Botschaft des Staates Israel, Bonn: S. 39; A. Bygott, Berlin: S. 27 links, 63, 65, 66; Camera Press, London: S. 25 (O. Waterlow), 26 (The Times); Deutsche Presse-Agentur, Hamburg: S. 60 links, 70; Filmhistorisches Bildarchiv, München: S. 4 unten, 51 (prokino); P. Fisher, London: S. 74; Jewish Chronicle, London: S. 5 oben rechts (Fisher), 5 unten (S. Harris), 6 rechts, 35 unten; Landesbildstelle Berlin: S. 10 rechts, 27 Mitte; G. Manth, Berlin: S. 8; Henry Maitek, Köln: S. 5 oben links, 6 links, 19; Staatliches Israelisches Verkehrsbüro, Frankfurt a. Main: S. 21, 43, 76; Ullstein, Berlin: S. 7 links (W. Eckelt), 16 (Dietrich), 22, 30 (H. v. d. Becke), 33 (Croner), 35 oben (dpa), 40 (Himmelreich), 42 (Paris-Match), 47, 58 (F. Eschen), 64 (dpa), 67 (ap), 68 (Camera Press – W. Braun), 75 (Müser).